Sonja Bauer
Mit Fotografien von: Julia Hildebrand

SAUERTEIG kann alles

Mehr als Brot:
Pasta, Knödel, Kuchen & mehr

CHRISTIAN

COOKIE

VORWORT

Sauerteig ist hauptsächlich aus dem Bereich des Brotbackens bekannt und bei vielen passionierten Hobbybäckern der Stoff, aus dem die Träume sind. Das Herzstück zahlreicher guter, bekömmlicher und geschmackvoller Brote. Zu Beginn oftmals auch eine Herausforderung und gleichzeitig Motivation, das eigene »Können« zu verbessern und weiterzuentwickeln. Das Backen mit Sauerteig hat eine gewisse Magie und Faszination, holt einen andererseits aber ganz schnell wieder auf den Boden der Tatsachen zurück, wenn nicht alles von Erfolg gekrönt ist. Fermentieren ist eine Kunst.

Ein »guter Sauerteig« will gehegt und gepflegt werden. Manch einer pflegt gleich mehrere Sorten. Dabei bleiben oftmals Reste übrig, die einfach zu schade sind, um sie zu entsorgen. Sogenannte »Auffrischrezepte« für Brot und Brötchen mit Sauerteigresten erfreuen sich deshalb großer Beliebtheit.

In diesem Buch finden Sie deshalb zahlreiche Rezepte, um übrigen Sauerteig zu verwerten. Aber auch eine Menge weitere spannende Rezepte mit Sauerteig sind dabei. Immer nach dem Motto: Sauerteig kann so viel mehr. Denn er kann (fast) alles in der Küche bereichern. Von Amerikanischen Pancakes bis Zwiebelkuchen … die Möglichkeiten sind so vielfältig und das Beste daran: Mit Sauerteig verfeinerte Speisen sind stets besonders lecker und aromatisch!

Daher wird Ihnen in diesem Buch das Thema Sauerteig rundum vorgestellt: mit den wichtigsten Grundlagen und einer Vielzahl von abwechslungsreichen Rezepten für jeden Geschmack, neu interpretierten Klassikern und sicherlich neuen Lieblingsrezepten!

Und nun viel Freude beim Fermentieren, kreativen Kochen und Backen mit Sauerteig,

Ihre
Sonja Bauer

INHALT

SAUERTEIG
DIE GRUNDLAGEN

SAUERTEIG – GRUNDLAGEN

Sauerteig liegt im Trend. Das Backen mit Sauerteig hat in den letzten Jahren einen regelrechten Aufschwung erfahren. Sauerteig ist aber keine Modeerscheinung, sondern eine der ältesten Methoden in der Menschheitsgeschichte überhaupt, um Backwaren herzustellen und bekömmlicher zu machen. Gesäuerter Teig ist mit Sicherheit einst aus einer Zufallsentdeckung hervorgegangen.

Bereits vor Tausenden von Jahren war bei den alten Ägyptern und Griechen die Gärung von Getreide durch Sauerteig üblich. Und genau das machen wir heute noch, wenn wir mit Sauerteig backen, wir lassen den Teig gären.

Die Gärung von Teigen beruht auf einem natürlichen Fermentationsprozess durch Milchsäurebakterien und wilden Hefen, welche bereits von Natur aus im Mehl vorhanden sind. Sie verstoffwechseln während der Fermentation Mehlbestandteile und bilden dabei Kohlenstoffdioxid (CO_2), das letztendlich zu einer Lockerung des Teiges führt. Gleichzeitig entstehen dabei komplexe Aromen, die Verdaulichkeit und Haltbarkeit von Backwaren werden verbessert.

WAS IST SAUERTEIG?

Sauerteig ist ein natürliches Backtriebmittel und eine Mischung aus Wasser, Mehl oder getreideähnlichen Bestandteilen und einer Mikroflora von Mikroorganismen. In jedem aktiven Natursauerteig leben Milliarden von Milchsäurebakterien und Millionen von Hefepilzen. Ohne diese Mikroorganismen gäbe es keinen Sauerteig, denn sie sorgen für das Aroma und die Triebkraft und somit für schmackhafte und gelockerte Backwaren.

Bei den Milchsäurebakterien wird zwischen homofermentativen und heterofermentativen Arten unterschieden. Bei den Hefepilzen handelt es sich vor allem um wilde Formen, die häufig auch als Sauerteighefen bezeichnet werden. Daher sind Sauerteig-Backwaren ohne zugesetzte Backhefe dennoch nie hefefrei.

Es gibt viele verschiedene Sorten von Sauerteig. Der Sauerteiggeschmack und die Triebkraft hängen dabei stark von der Aktivität und Zusammensetzung der Mikroorganismen sowie von weiteren Faktoren ab, auf welche in diesem Buch an anderer Stelle gezielter eingegangen wird. Jeder Sauerteig ist daher einzigartig und ebenso sind es die damit hergestellten Backwaren.

In Deutschland und Österreich ist vor allem Roggensauerteig traditionell sehr verbreitet, wohingegen in Frankreich, Italien und generell weltweit hauptsächlich Weizensauerteig im Vordergrund steht. Aber egal ob »Roggensauer«, »Levain«, »Pasta Madre« oder »Starter«, alle Sauerteige bestehen aus einem Teig mit lebenden Mikroorganismen, der zunächst für mehrere Tage vergoren wurde und durch regelmäßige Pflege immer weitergeführt und aktiv gehalten wird.

SAUERTEIG FRÜHER UND HEUTE

Lange Zeit war Sauerteig überhaupt das einzige Backtriebmittel in der Menschheitsgeschichte. Während er in vergangenen Zeiten ein preiswertes Mittel zum Zweck, nämlich zur Brotteiglockerung war, stehen heute in der Regel eher geschmackliche, ernährungsphysiologische und teils auch ideologische Motive im Vordergrund.

Eine besondere Bedeutung hatte Sauerteig früher in erster Linie beim Backen mit Roggenmehl. Neben der Funktion als Backtriebmittel machte Sauerteig das Roggenmehl überhaupt erst backfähig. Hintergrund war dabei vor allem die enzymhemmende Wirkung der von den Milchsäurebakterien produzierten Milchsäure und Essigsäure. Daher kursieren im Hobbybäckerbereich teilweise noch die Empfehlungen, Zitronensaft oder Essig den Brotteigen zuzusetzen und damit den fehlenden Sauerteig zu ersetzen. Moderne Roggensorten haben heute aber deutlich geringere Enzymgehalte als früher und machen den Einsatz von Sauerteig nicht mehr zwingend nötig.

Mit der Industrialisierung kamen immer mehr Fertigprodukte für Sauerteig auf den Markt. Für den privaten Gebrauch ist hauptsächlich pasteurisierter, flüssiger »Natursauerteig« in Plastikbeuteln aus dem Supermarktregal bis hin zu getrocknetem Sauerteigpulver als »Sauerteigextrakt« aus der Drogerie weit verbreitet. Sie besitzen allerdings keine Triebkraft und sollen als Aromageber dienen. Die vielschichtigen Aromen, die während der Fermentation von Teigen entstehen, können damit jedoch niemals ersetzt oder nachgeahmt werden. **Für die Rezepte in diesem Buch ist ausschließlich aktiver Sauerteig vorgesehen.**

Heutzutage werden insbesondere im Onlinehandel außerdem aktive Sauerteigkulturen in Form von frischem Sauerteiganstellgut oder in pulverisierter Form als Fermentstarter mit lebendigen Mikroorganismen angeboten. Dies sind bereits etablierte Sauerteigkulturen, die einfach weitergepflegt werden können oder mit denen auf sehr unkomplizierte Weise eine Sauerteigkultur angesetzt werden kann. Beim Kauf ist aber unbedingt darauf zu achten, dass es sich um aktive Sauerteigkulturen handelt. Zudem gibt es Onlineplattformen, auf denen Sauerteigkulturen getauscht oder angeboten werden (z. B. www.sauerteigboerse.de).

WAS IST FERMENTATION?

Die Fermentation (Gärung) mithilfe von Milchsäurebakterien und Hefen ist eines der ältesten Verfahren zur Verbesserung der Bekömmlichkeit und Haltbarmachung von Lebensmitteln. Nicht nur Brot, sondern beispielsweise auch Bier, Wein, Essig, Joghurt, Käse oder Schokolade, Vanilleschoten und Oliven werden erst durch Fermentation zu dem, was sie sind. Eins der bekanntesten Beispiele ist wohl außerdem das Sauerkraut.

Werden für Sauerteig Mehl und Wasser gemischt und über längere Zeit sich selbst überlassen, beginnen sich die im Mehl vorhandenen Mikroorganismen, die aus der Schale des Getreidekorns stammen, zu vermehren. Unter günstigen Bedingungen und mit ausreichender Nahrung für die Mikroorganismen stellt sich mit der Zeit eine stabile Mikroflora der erwünschten Mikroorganismen ein und bildet einen natürlichen Schutz vor Verderb und Schimmelbildung.

Fermentation muss jedoch nicht immer von Erfolg gekrönt sein. Manchmal gewinnen auch die »falschen« Mikroorgansimen die Oberhand, beispielsweise Fäulnisbakterien.

Während der Gärung spielen sich komplexe Vorgänge ab. Vereinfacht dargestellt, werden durch enzymatische Vorgänge beim Sauerteig die Stärke und andere Zuckerstoffe aus dem Mehl zu Glukose gespalten, welche den Mikroorgansimen als Nahrung dient. Die homofermentativen Milchsäurebakterien bilden daraus hauptsächlich Milchsäure, während heterofermentative Milchsäurebakterien zusätzlich auch Alkohol, Essigsäure und Kohlenstoffdioxid bilden. Die Hefen bilden dabei Kohlenstoffdioxid und unter Luftabschluss zudem Alkohol. Diese Ausscheidungsprodukte führen zur Teiglockerung, gleichzeitig kommt es zur Bildung von vielschichtigen und intensiven Aromastoffen.

IST SAUERTEIG GESUND?

Obwohl Backwaren mit Sauerteig in der Regel aus den gleichen Rohstoffen wie andere Gebäcke hergestellt werden, verbessert der lange Fermentationsprozess die ernährungsphysiologischen Eigenschaften. Sauerteig macht Backwaren insgesamt bekömmlicher und fördert die Verdaulichkeit, da die Mikroorganismen schwer verdauliche Bestandteile aus den Getreideprodukten abbauen oder zumindest spalten. Es findet sozusagen eine gewisse Vorverdauung statt.

Ein Beispiel hierfür sind bestimmte Zuckermoleküle, die aufgrund ihrer Struktur im Dünndarm schlecht abgebaut werden und so unverdaut in den Dickdarm gelangen, wo sie von Bakterien zersetzt werden und zu Darmbeschwerden führen. Weiterhin werden bestimmte Proteine aus glutenhaltigen Getreidesorten teilweise abgebaut, die bei einigen Menschen Darmprobleme auslösen und dann fälschlicherweise als Weizenunverträglichkeit oder echte Glutenunverträglichkeit (Zöliakie) gedeutet werden.

Zusätzlich verbessert Sauerteig die Nährstoffaufnahme. Insbesondere Vollkornmehle oder Haferflocken enthalten reichlich Phytinsäure beziehungsweise Phytat. Ein für die Pflanzen nützlicher Stoff, der beim Menschen jedoch zu einer schlechteren Aufnahme von Mineralstoffen und Spurenelementen wie Kalzium, Kalium, Eisen, Magnesium und Zink führt. Die aus dem Sauerteig stammenden Milchsäurebakterien senken während der Fermentation den pH-Wert im Teig, was den Abbau von Phytaten fördert und somit die Mineralstoffaufnahme im Körper erhöht.

Wissenschaftler forschen außerdem daran, inwieweit der Verzehr von Sauerteig(-brot) einen positiven Effekt auf das menschliche Darmmikrobiom hat und weiterhin an den günstigen Auswirkungen auf den Blutzucker- und Insulinspiegel.

KREATIVE KÜCHE MIT SAUERTEIG

Sauerteig kann das Kochen und Backen auf vielfältige Weise bereichern, nicht nur geschmacklich mit großartigen Aromen, sondern auch mit neuen und spannenden Herangehensweisen. Beim Kochen kann Sauerteig außerdem zu einer besseren Verträglichkeit führen, wenn ein Teil des Mehls oder sogar der gesamte Mehlanteil in Speisen zuvor in einem Sauerteig fermentiert wurde. Und eine praktische Resteverwertung für Anstellgut ist es obendrein!

KUCHEN BACKEN MIT SAUERTEIG

Ist Kuchen mit Sauerteig gesünder? Natürlich ist ein Kuchen nicht gleich gesund, weil er Sauerteig enthält. Kuchen, Brownies, Cookies oder Hefezöpfe, die mit Sauerteig zubereitet werden und damit bereits fermentiertes Mehl enthalten, sind mit Sicherheit nicht unbedingt gesünder, aber vielleicht ein bisschen besser verträglich und ganz bestimmt aromatischer. Das Essen muss schließlich auch Genuss sein und Spaß machen, die Abwechslung und Ausgewogenheit in der Gesamtheit machen's! Außerdem spielt die Psyche bei der Gesundheit ebenso eine große Rolle und ein leckeres Stück Kuchen macht manchmal einfach glücklich!

Bier-Rahmfladen nach Elsässer Art (Seite 74)

Sauerteig-Babka (Seite 142)

Fudgy Brownies (Seite 158)

Dampfnudeln nach Pfälzer Art (Seite 50)

SAUERTEIG ZÜCHTEN MITTELS SPONTANGÄRUNG

Sauerteigzucht mittels Spontangärung bedeutet überspitzt dargestellt, es werden Mehl und Wasser gemischt und es wird dann gewartet, dass von allein ein Sauerteig entsteht. Im Wesentlichen ist es ein Verdrängungswettbewerb zwischen den gewünschten (Milchsäurebakterien und wilde Hefen) und den unerwünschten Mikroorganismen (Schimmelpilze und Fäulnisbakterien), der darüber entscheidet, welche davon die Oberhand gewinnen. Durch günstige Bedingungen kann die Entwicklung der erwünschten Mikroorganismen und die Ausbildung einer Sauerteigkultur unterstützt werden.

ALLGEMEINE TIPPS & HINWEISE

Auf der Oberfläche von Getreidekörnern befinden sich Mikroorganismen, darunter wilde Hefen und Milchsäurebakterien, welche beim Mahlvorgang des Korns ins Mehl gelangen. Je mehr Randschichten ein Mehl enthält, desto mehr Mikroorganismen sind enthalten. Bei der Herstellung von Sauerteig bringt Mehl aus biologischem Anbau einen klaren Vorteil, da beim konventionellen Getreideanbau durch Pestizideinsatz die Zahl der Mikroorganismen auf der Oberfläche des Korns stark reduziert wird.

Prinzipiell kann Sauerteig auch aus glutenfreiem Pseudogetreide gezüchtet werden. (Pseudogetreide sind getreideähnliche Früchte von Pflanzenarten, die wie Getreide verwendet werden, aber nicht zu den Süßgräsern zählen, zum Beispiel Quinoa, Buchweizen oder Amarant.)

Sobald Mehl und Wasser vermengt und für einige Zeit stehen gelassen werden, beginnen die Mikroorganismen, sich zu vermehren. **Ausreichend Wärme ist wichtig bei der Sauerteigzüchtung**, weil sich die gewünschten Mikroorganismen dann besonders gut vermehren können. Ein Temperaturbereich von 25–30 °C gilt als ideal für die Züchtung von Sauerteig. Bei kühlerer Temperatur gelingt dies meist nur sehr langsam oder gar nicht und es kann zu einer starken Säurebildung kommen.

Das Glas für den Sauerteig sollte etwa das dreifache Volumen des Sauerteigansatzes und eine eher schlanke Form haben. Gut geeignet sind Einmachgläser. Diese sollten vorher am besten mit klarem Wasser heiß ausgespült werden, um mögliche Reste von Spülmittel zu entfernen. Die Füllhöhe immer markieren (beispielsweise mit einem Haushaltsgummi), um die Volumenzunahme beurteilen zu können.

Die anfallenden **Reste vom Sauerteigansatz in den ersten Tagen unbedingt entsorgen**. Zu Beginn können sich auch unerwünschte Keime vermehren. Der junge Sauerteigansatz riecht aus diesem Grund zunächst oft unangenehm. Mit der Zeit setzen sich die richtigen Mikroorganismen durch und es bildet sich eine stabile Mikroflora, welche in Verbindung mit der entstehenden Säure vor unerwünschten Keimen schützt. Eine neu gezüchtete Sauerteigkultur wird bei regelmäßiger Pflege immer triebkräftiger und aromatischer.

SAUERTEIG HERSTELLEN

Mit dieser Methode können aus einem Grundansatz nach Wunsch gleich verschiedene Sorten Sauerteig parallel hergestellt werden.

GRUNDANSATZ FÜR SAUERTEIG

Schritt 1: 1. Sauerteigansatz
60 g Wasser (40 °C)
50 g Bio-Vollkornmehl (z. B. Dinkel, Roggen oder Weizen)

In einem sauberen Glas (mit Deckel) das Wasser und das Mehl gründlich verrühren. Den Deckel lose schließen. Die Mischung für insgesamt 24 Stunden an einen 25–30 °C warmen Ort stellen, nach 12 Stunden mit einem sauberen Löffel umrühren.

Schritt 2: 1. Auffrischung
50 g vom 1. Sauerteigansatz
60 g Wasser (40 °C)
50 g Bio-Vollkornmehl (z. B. Dinkel, Roggen oder Weizen)

Die 50 g aus dem 1. Sauerteigansatz mit dem warmen Wasser und dem Vollkornmehl in einem sauberen Glas (mit Deckel) gründlich verrühren. Den Deckel lose schließen und die Mischung für insgesamt 24 Stunden an einen 25–30 °C warmen Ort stellen, dabei nach 12 Stunden mit einem sauberen Löffel umrühren.

Ab Tag 3 (2. Auffrischung) kann entschieden werden, welcher Sauerteig hergestellt werden soll. Entsprechend wird das passende Mehl ausgewählt, es kann nun auf ein Typenmehl gewechselt werden (z. B. Roggenmehl Type 1150 / Weizenmehl oder Dinkelmehl Type 1050).

ROGGEN-, WEIZEN- ODER DINKELSAUERTEIG ZÜCHTEN

Schritt 3: 2.–10. Auffrischung
50 g vom letzten Sauerteigansatz
50 g Wasser (40 °C)
50 g Mehl (z. B. Roggenmehl Type 1150 / Weizenmehl oder Dinkelmehl Type 1050)

Die 50 g aus dem letzten Sauerteigansatz mit dem warmen Wasser und dem Mehl in einem sauberen Glas gründlich verrühren. In ein frisches sauberes Glas (mit Deckel) geben, den Deckel lose schließen und die Mischung für etwa 12 Stunden an einen 25–30 °C warmen Ort stellen.

Dieses Prozedere nun alle 12 Stunden wiederholen, außer der Sauerteigansatz verdoppelt sich schneller. Dann wird früher aufgefrischt, immer nachdem sich der Sauerteigansatz mindestens verdoppelt hat.
Die Zeitspanne wird mit der Zeit immer kürzer.
Der Sauerteigansatz sollte sich am 5. Tag innerhalb von 12 Stunden verdoppeln. Ist das nicht so, nach dem gleichen Schema weiterverfahren, bis die Verdopplung in diesem Zeitrahmen erfolgt.
Aus praktischen Gründen kann der Sauerteigansatz nach der Verdopplung auch mal kurzfristig kalt gestellt werden, zum Beispiel über Nacht. Den kalten Ansatz dann 1 Stunde vor dem nächsten Auffrischen aus dem Kühlschrank nehmen. **Der fertige Sauerteig sollte einen angenehm frisch-säuerlichen Geruch haben.**

LIEVITO MADRE (FESTER WEIZENSAUERTEIG) ZÜCHTEN

Schritt 3: 2. Auffrischung
50 g vom letzten Sauerteigansatz
10 g Wasser (40 °C)
50 g Mehl (z. B. Weizenmehl Type 1050 oder 550)
Die 50 g aus dem letzten Sauerteigansatz mit dem Wasser und dem Mehl gründlich verkneten. In ein sauberes Glas (mit Deckel) geben, den Deckel lose schließen und die Mischung für etwa 12 Stunden an einen 25–30 °C warmen Ort stellen.

Schritt 4: 3.–10. Auffrischung
50 g vom letzten Sauerteigansatz
20–25 g Wasser (40 °C)
50 g Mehl (z. B. Weizenmehl Type 1050 oder Weizenmehl Type 550)

Die 50 g aus dem letzten Sauerteigansatz mit dem Wasser und dem Mehl gründlich verkneten (die Konsistenz erinnert an Marzipan). In ein sauberes Glas (mit Deckel) geben, den Deckel lose schließen und die Mischung für etwa 12 Stunden an einen 25–30 °C warmen Ort stellen.

Dieses Prozedere nun alle 12 Stunden wiederholen, außer der Sauerteigansatz verdoppelt sich schneller. Dann wird früher aufgefrischt, immer nachdem sich der Sauerteigansatz mindestens verdoppelt hat.
Die Zeitspanne wird mit der Zeit immer kürzer. Innerhalb von 7–10 Tagen sollte sich der Ansatz nach 3–4 Stunden verdoppeln. Ist das nicht so, nach dem gleichen Schema weiterverfahren, bis die Verdopplung in diesem Zeitrahmen erfolgt. Der Prozess kann sich unter nicht ganz idealen Bedingungen um einige Tage verlängern.
Aus praktischen Gründen kann der Lievito-Madre-Ansatz nach der Verdopplung auch mal kurzfristig kalt gestellt werden, zum Beispiel über Nacht. Den kalten Ansatz dann 1 Stunde vor dem nächsten Auffrischen aus dem Kühlschrank nehmen. **Der fertige Lievito Madre sollte mild-säuerlich oder auch angenehm fruchtig-gärig riechen.**

Fertig gezüchtete Sauerteige: Lievito Madre, Weizensauerteig, Roggensauerteig (von links nach rechts)

SAUERTEIGPFLEGE

Jede Sauerteigkultur muss regelmäßig gepflegt werden, um aktiv und lebendig zu bleiben. Die Mikroorganismen brauchen frische Nahrung.

Die Mikroflora des Sauerteigs wird hauptsächlich durch die im Mehl vorhandenen Mikroorganismen und Enzyme beeinflusst. Eigenschaften wie Aroma und Triebkraft können durch die zum Auffrischen verwendete Mehlsorte, den Wassergehalt, die Temperatur und Reifezeit sowie die zugesetzte Menge und Qualität des Anstellguts im Verhältnis zu Mehl und Wasser und nicht zuletzt durch die Fütterungsfrequenz gezielt gesteuert werden.

WAS IST ANSTELLGUT?

Das Anstellgut (ASG) ist ein Teil vom Sauerteig, der in einem geschlossenen Gefäß im Kühlschrank aufbewahrt wird, um damit zu einem späteren Zeitpunkt erneut Sauerteig anzusetzen. Traditionell wird dazu ein Teil des zum Backen angesetzten Sauerteigs abgezweigt und bis zum nächsten Backen aufbewahrt, um einen neuen Sauerteigansatz damit zu »impfen«. Zu empfehlen ist aber, das Anstellgut separat zu »führen«; so kann nicht aus Versehen das gesamte Anstellgut mitverarbeitet werden.

Beim Auffrischen wird im Grunde aus dem aufbewahrten Anstellgut, Mehl und Wasser jedes Mal wieder ein neuer Sauerteig angesetzt. Dabei ist es empfehlenswert, möglichst bei dem gleichen Mehl zu bleiben und nicht ständig zu wechseln.

> **GUT ZU WISSEN**
> Wurde einmal ein falsches Mehl zum Auffrischen benutzt, ist das in der Regel nicht weiter schlimm, es dauert nämlich einige Auffrischungszyklen, bis sich eine Kultur umgestellt hat. Beim nächsten Mal einfach wieder mit dem gewohnten Mehl weiterfüttern.

WIE OFT AUFFRISCHEN?

Wichtig ist eine regelmäßige Pflege des Anstellguts. Bleiben die Parameter dabei konstant, können bestimmte Eigenschaften des Sauerteigs gezielt gesteuert werden, etwa ein milder Geschmack.

Für eine ausreichende Aktivität sollte das Anstellgut **1 × wöchentlich** aufgefrischt werden. Danach wird es im Kühlschrank aufbewahrt. Für ein mildes, sehr aktives, triebstarkes Anstellgut empfiehlt es sich, **2 × wöchentlich aufzufrischen**. Wird ein Anstellgut zur Pflege – also nicht, um damit zu backen – aufgefrischt, sollte es bereits in den Kühlschrank gestellt werden, sobald es sich knapp verdoppelt oder spätestens wenn es sich verdoppelt hat. So haben die Mikroorganismen noch ausreichend Nahrung, um eine Zeit lang im Kühlschrank ausreichend versorgt zu sein.

UNREGELMÄSSIGES AUFFRISCHEN

Wird deutlich seltener oder unregelmäßig aufgefrischt, ist mit einer spürbaren Verringerung der Sauerteigaktivität zu rechnen. Dies ist vor allem relevant, wenn Backwaren ohne zusätzliche Hefe hergestellt werden sollen. Eine Zeitspanne von 10–14 Tage ist für den Sauerteig normalerweise kein Problem, vermutlich werden aber vor dem Backen 1–2 zusätzliche Auffrischungen nötig sein. Sind längere Auffrischungsintervalle abzusehen, empfiehlt es sich, das Anstellgut fester aufzufrischen, um den Stoffwechsel der Mikroorganismen zu verlangsamen, damit die Nahrung länger ausreicht (siehe *Sauerteig haltbar machen* Seite 26 ff.).

DER SAUERTEIG IST HUNGRIG

Riecht das Anstellgut im Kühlschrank nach Azeton (ähnlich Nagellackentferner), ist das ein eindeutiges Zeichen dafür, dass die Nahrung weitgehend verbraucht ist und das Sauerteiganstellgut eine

Auffrischung benötigt. Wird Anstellgut »zu lange« nicht aufgefrischt, setzt sich mit der Zeit Flüssigkeit ab, der sogenannte »Fusel«. Dieser ist zunächst klar und färbt sich nach und nach immer dunkler ein. Fusel enthält Säuren und Alkohol, welche einen natürlichen Schutz vor Schimmelbefall bewirken. Der Fusel sollte vor der nächsten Auffrischung weggeschüttet werden.

WICHTIGE STELLSCHRAUBEN FÜR SAUERTEIG

Es gibt viele verschiedene Möglichkeiten, Sauerteige zu führen. Dabei bestimmen die **Qualität des Anstellguts**, die **Temperatur**, die **Häufigkeit des Fütterns** und die **Zusammensetzung** (Verhältnis von **Anstellgutmenge** und **Wassermenge** im Verhältnis zum **Mehl**) den Charakter des Sauerteigs. So kann ein mildes, ein kräftig aromatisches oder sogar ein saures Aroma erzeugt werden.

Die Auffrischung von Anstellgut zur Pflege und das Ansetzen eines Sauerteigs zum Brotbacken kann prinzipiell nach dem gleichen Schema erfolgen.

Qualität des Anstellguts

Wird ein Anstellgut eher warm und mild geführt, fermentieren auch damit angesetzte Sauerteige insgesamt milder. Ist ein Anstellgut von vorneherein sauer, ist ein säurebetonter Sauerteig zu erwarten. Entscheidend für die Triebkraft eines Sauerteiges ist vor allem die Aktivität des Anstellguts. Eine regelmäßige beziehungsweise häufige Auffrischung führt zu höherer Aktivität, umgekehrt macht unregelmäßiges Auffrischen das Anstellgut träge.

Anstellgutmenge

Je höher der Anteil des Anstellguts im Verhältnis zu Mehl und Wasser in einem Sauerteig ist, desto schneller reift dieser. Meist wird ein Sauerteig dann recht mild, weil die Reifezeit entsprechend kurz ist.

Wassermenge

Das verwendete Wasser sollte etwa 40 °C warm sein, damit der Sauerteig von Beginn an eine gute Reifetemperatur hat. Je mehr Wasser ein Sauerteig enthält, umso schneller reift er.

Mehl

Jedes Getreide bringt seine eigene Mikroflora mit sich. Aber nicht nur die Getreidesorte, sondern auch der Ausmahlungsgrad hat großen Einfluss auf den Charakter eines Sauerteigs. Helle Mehle, also Mehle mit niedrigen Typenzahlen, fermentieren eher mild, dunkle Mehle mit höheren Typenzahlen (insbesondere Vollkornmehle) fördern hingegen eine kräftigere Säure und ein kräftigeres Aroma.

Je gröber ein Mehl gemahlen ist – bis hin zum Schrot –, desto länger dauert die Fermentation. Je dunkler das verwendete Mehl ist, desto besser werden die Mikroorganismen mit Nährstoffen versorgt. Dunkles Mehl versäuert deshalb schneller und die entstandene Mikroflora ist schneller stabil, weshalb Sauerteig gerne mit Vollkornmehl oder dunkleren Mehlsorten gezüchtet wird.

Temperatur

Ein besonders wichtiger Faktor bei der Fermentation des Sauerteiges ist die Temperatur. Vor allem eine ausreichende Temperatur zu Beginn der Reifephase ist wichtig. Wärmere Temperaturen bremsen die Vermehrung von essigsäureproduzierenden Mikroorganismen und zugleich werden die triebstärkeren und eher milchsäureproduzierenden Mikroorganismen gefördert. Warme Temperaturen von 25–30 °C führen zu mild-säuerlichen Aromen, geringere Temperaturen von 20–24 °C eher zu kräftig säuerlichen Aromen.

Wie kann für ausreichend Wärme gesorgt werden?

Eine zu geringe Raumtemperatur stellt in häuslicher Umgebung ein häufiges Problem für Sauerteigbesitzer dar. Für den Hobbybäckerbereich werden spezielle Gärautomaten angeboten. Es gibt jedoch viele weitere und »günstigere« Möglichkeiten, um die richtige Temperatur für den Sauerteig zu erreichen. Oftmals gibt es zu Hause einige wärmere Orte, die geeignet sind (dabei die Temperatur immer mit einem Raumthermometer oder Infrarot-Thermometer kontrollieren): Heizmatte (für Terrarien oder Pflanzenzucht) mit Thermostat in einer Isolierbox; auf der Heizung mit einem Holzbrett darunter (kein direkter Kontakt); im Backofen oder in der Mikrowelle mit eingeschalteter Lampe (sofern dies keine LED-Leuchte ist); eine mit heißem Wasser gefüllte Wärmflasche oder PET-Flasche mit in den ausgeschalteten Backofen oder in eine Isolierbox bzw. Kühltasche legen; auf der Fußbodenheizung oder auf dem Internetrouter.

FAUSTREGEL

Je mehr Anstellgut im Verhältnis zu Mehl, desto schneller und milder reift der Sauerteig und umgekehrt. Bei warmer Umgebung reift ein Sauerteig deutlich schneller und milder als in kühlerer Umgebung.

TIPPS RUND UM SAUERTEIG

ANSTELLGUT AUSTAUSCHEN

Generell gilt, lieber ein gut gepflegtes und aktives Anstellgut im Kühlschrank haben als mehrere verschiedene, die nur mittelmäßig gepflegt sind. Verschiedene Sorten Anstellgut lohnen sich nur, wenn diese auch regelmäßig verwendet werden.

Alternativ kann das Anstellgut für einen Sauerteigansatz ausgetauscht werden. So kann beispielsweise auch Lievito-Madre-Anstellgut oder flüssiges Weizenanstellgut genutzt werden, wenn Roggenmehl in einem Sauerteig versäuert werden soll. Der Sauerteig wird dann tendenziell sehr mild fermentieren. Werden zum Beispiel nur 10 g Anstellgut benötigt, kann einfach Lievito-Madre- statt Roggenanstellgut an den Sauerteig gegeben werden, bei solch einer kleine Menge macht die festere Konsistenz des Lievito Madre nichts aus. Ist die Anstellgutmenge größer, muss die Wassermenge im Rezept angepasst werden.
Umgekehrt ist die Vorgehensweise meist nicht ganz ideal: Wird beispielsweise statt mildem Weizenanstellgut ein kräftiges Roggenanstellgut genutzt, können die Aromen deutlich säurebetonter als für das Rezept vorgesehen werden. Insbesondere bei süßen Rezepten und langer kalter Teigführung kann das von Bedeutung sein.

ZUSÄTZLICHE HEFE

Bei Hefe scheiden sich oftmals die Geister, ob sie Sauerteigrezepten zugegeben werden sollte. Letztendlich ist das eine rein persönliche Entscheidung und etwas Geschmackssache. Es gibt kein Richtig und kein Falsch. Das Beste ist dabei, den eigenen Weg zu finden. Mit wachsender Erfahrung kann die Hefe in Rezepten auch reduziert oder weggelassen werden.

Vorteile

Eine geringe Hefezugabe zusätzlich zum Sauerteig kann Vorteile mit sich bringen. Beispielsweise werden die zeitlichen Abläufe besser steuerbar, es ist nicht ganz so viel Erfahrung mit dem eigenen Sauerteig nötig oder sehr junge, erst kürzlich gezüchtete Sauerteigkulturen sind oftmals noch nicht ganz so triebstark wie bereits ältere, etablierte Kulturen.

Außerdem kann Hefe die Säurebildung durch den Sauerteig in einem Teig etwas bremsen, insbesondere bei längeren oder kalten Teigführungen. Bei manchen Gebäcken ist ein dezenter Hefegeschmack auch erwünscht, speziell bei süßen Backwaren oder Brötchen, und oft werden die Krumen ein wenig wolliger mit zusätzlicher Hefe.

Nachteile

Hefe lässt Backwaren schneller altern – der Prozess des Trocken- und Altbackenwerdens wird beschleunigt. Reine Sauerteigbackwaren haben im Gegensatz dazu eine deutlich längere Frischhaltung. Insbesondere reine Sauerteigbrote haben einen unvergleichlich aromatischen Geschmack. Oftmals wird dieser sogar von Tag zu Tag besser und es ist spannend, diese Veränderung zu schmecken.
Ab einer gewissen Hefemenge kann es zu einem unangenehmen Hefegeschmack kommen (dieser ist jedoch subjektiv). Außerdem reifen Teige deutlich schneller, was zusätzlich Nachteile im Geschmack, in der Bekömmlichkeit und Frischhaltung nach sich ziehen kann.

ALLGEMEINE HINWEISE

Wird ein Sauerteig als alleiniges Triebmittel (ohne Zusatz von Hefe im Hauptteig) eingesetzt, dann sollte dieser generell sehr aktiv und vorher aufgefrischt werden. **Die beste Triebkraft hat ein Sauerteig, wenn er direkt bei optimalem Reifezustand verarbeitet wird.**

Aus praktischen Gründen und für ein besseres Zeitmanagement kann ein Sauerteig nach dem Auffrischen in den Kühlschrank gestellt und innerhalb der nächsten Stunden als alleiniges Triebmittel verwendet werden. Dabei gelten 12 Stunden als Grenze, was je nach Sauerteigkultur mit Sicherheit individuell etwas abweichen kann.

Braucht ein Sauerteigansatz merklich länger als die in den Rezepten vorgesehene Zeit, kann das ein Hinweis auf eine zu geringe Aktivität und Triebkraft des Sauerteigs sein. Mehrere Auffrischungen hintereinander können die Sauerteigaktivität wieder steigern. Das Füttern mit einer etwas dunkleren, nährstoffreicheren Mehltype kann den Sauerteig ebenfalls wieder in Schwung bringen.

Roggenanstellgut

Weizenanstellgut

ROGGENSAUERTEIG

Wenn in der deutschsprachigen Region von Sauerteig gesprochen wird, ist meist Roggensauerteig gemeint: der traditionelle Sauerteig für beliebte Brotsorten wie Mischbrot, Roggenbrot oder Schwarzbrot. Für die Rezepte in diesem Buch ist ein mildes Roggenanstellgut vorgesehen.
Neben der Brotherstellung kann Roggensauerteig oder Roggenanstellgut auch die kreative Küche als außergewöhnliche Zutat bereichern. Insbesondere in süßen Backwaren, die Schokolade oder Kakao enthalten, sind die intensiven Aromen eine interessante und harmonische Bereicherung, wie Sie beim Ausprobieren der entsprechenden Rezepte im Buch feststellen werden.

WICHTIGE FAKTEN

Roggensauerteig hat sehr kräftige Aromen, ohne die Roggen- und Roggenmischbrote fast langweilig schmecken. Zusätzlich werden die Brote durch den Sauerteig bekömmlicher.

Roggensauerteig besteht meist zu gleichen Anteilen aus Mehl und Wasser. Auf 100 g Roggenmehl kommen also zum Beispiel 100 g Wasser. Daher ist oftmals auch von weichem oder flüssigem Sauerteig die Rede.

Das klassische **Mehl für die Auffrischung** von Roggenanstellgut ist das Roggenmehl Type 1150 (in Österreich R 960). Möglich sind aber ebenso andere Ausmahlungsgrade wie Type 1370 oder Roggenvollkornmehl. Zum Backen kann außerdem Schrot statt Mehl versäuert werden.

Typisch für Roggensauerteig ist eine ausgeprägtere Säurebildung im Vergleich zu Weizen- oder Dinkelsauerteigen, welche sich bei einer dauerhaften Auffrischung mit Roggenvollkornmehl noch verstärken kann.

Eine lange kalte Teigführung ist aufgrund der stärker ausgeprägten säuerlichen Aromen mit Roggensauerteig eher unüblich. Es kann zu deutlichen Essigsäurenoten kommen.

Roggensauerteigkulturen, die dauerhaft bei Raumtemperatur (unter 22 °C) aufgefrischt werden, enthalten häufig nicht ausreichend Sauerteighefen, die zum großen Teil für die Teiglockerung verantwortlich sind. Vereinfacht gesagt: Der Sauerteig hat wenig Triebkraft.

Wird ein **Roggensauerteig zum Backen** angesetzt, sollte sich dieser mindestens verdoppelt haben, bevor er mit dem Teig gemischt wird. Der Roggensauerteig sollte an der Oberfläche noch eine leichte Wölbung haben und noch nicht eingefallen sein.

Bei der **Auffrischung des Anstellguts** zur Pflege sollte dieses bereits bei Verdopplung, besser ein wenig früher, in den Kühlschrank gestellt werden.

Interessante und komplexe Aromen können entstehen, wenn für den Sauerteigansatz statt Wasser eine andere Schüttflüssigkeit wie Kaffee oder alkoholfreies Bier genutzt wird (Alkohol würde hemmend auf die Mikroorganismen wirken).

Möglich ist außerdem, in einem Sauerteig verschiedene Mehlsorten zusammen zu versäuern, als sogenannter **Mischsauerteig**, beispielsweise aus Roggen- und Weizenmehl. Ein Mischsauerteig ist auch mit einstufiger Führung meist mild, zugleich aromatisch und triebstark. Als Anstellgut kann sowohl Roggen- als auch Weizenanstellgut verwendet werden. Mit Roggenanstellgut wird der Mischsauerteig jedoch meist deutlich aromatischer.
(Ein Rezept mit Mischsauerteig finden Sie auf Seite 104, »Rauchige Mandel-Speck-Wurzeln«.)

TYPISCHE SAUERTEIGFÜHRUNGEN

Die mildeste Methode zur regelmäßigen Auffrischung ist die **1:1:1-Methode**. Sie ist auch zum Backen sehr gut geeignet. Dabei werden 1 Teil Roggenanstellgut + 1 Teil warmes Wasser + 1 Teil Roggenmehl gemischt und zur Gärung bei 26–28 °C warm gestellt. Die Verdopplung sollte dabei innerhalb von 2–4 Stunden erfolgen.

Beispiel 1:1:1
50 g Roggenanstellgut
50 g warmes Wasser (40 °C)
50 g Roggenmehl Type 1150
In einem sauberen Glas (mit Deckel) alles gründlich verrühren, den Deckel lose schließen und die Mischung an einem 26–28 °C warmen Ort etwa 2–4 Stunden reifen lassen.

Eine häufig genutzte, sehr traditionelle Methode ist die **einstufige Sauerteigführung**. Die Reifezeit ist etwas länger und es bilden sich intensivere Aromen, aber ebenso mehr Säure. Der Einstufensauerteig wird meist 1:10:10 angesetzt. Dabei werden 1 Teil Roggenanstellgut + 10 Teile warmes Wasser + 10 Teile Roggenmehl gemischt und bei Raumtemperatur für 10–12 Stunden zur Gärung gestellt. Bei sehr aktiven Sauerteigkulturen kann die Reifung auch deutlich schneller erfolgen. Für ein besseres Zeitmanagement kann die Anstellgutmenge dann halbiert werden, zum Beispiel bei Reifung über Nacht.

Beispiel Einstufensauerteig
10 g Roggenanstellgut
100 g warmes Wasser (40 °C)
100 g Roggenmehl Type 1150
In einem sauberen Glas (mit Deckel) alles gründlich verrühren, den Deckel lose schließen und die Mischung bei Raumtemperatur (22 °C) etwa 10–12 Stunden reifen lassen.

Häufig wird Roggensauerteig auch mehrstufig geführt. **Zwei- und dreistufige Sauerteigführungen** können mit verschiedenen Kombinationen der einzelnen Stufen zu sehr aromatischen und triebstarken Sauerteigen führen. In diesem Buch wird eine zweistufige Sauerteigführung angewendet, mit einer Kombination aus dem zuvor beschriebenen Einstufensauerteig und der 1:1:1-Methode.

Zu erwähnen ist noch der **Salzsauerteig** »Monheimer Salzsauer-Verfahren«, eine einstufige Roggensauerteigführung mit Zugabe von Salz. Im Gegenzug wird meist die Anstellgutmenge erhöht. Das Salz reduziert die Säurebildung im Sauerteig, da es die Aktivität der säurebildenden Mikroorganismen hemmt, weshalb die Gärung langsamer abläuft und sich die Reifezeit verlängert. Mit Salzsauerteig hergestellte Brote schmecken in der Regel ausgewogen und mild-aromatisch, ähnlich wie mit einem mehrstufig geführten Sauerteig.

ROGGENSAUERTEIG UMZÜCHTEN ZU WEIZENSAUERTEIG

Roggensauerteig → Weizensauerteig (flüssig)
10 g Roggenanstellgut
50 g warmes Wasser (40 °C)
50 g Weizenmehl Type 550
In einem sauberen Glas (mit Deckel) alles gründlich verrühren und den Deckel lose schließen. Die Mischung an einem 26–30 °C warmen Ort bis zur guten Verdopplung reifen lassen.
Anschließend wie einen Weizensauerteig weiter auffrischen (siehe Seite 21), es sind mindestens fünf Auffrischungen nötig, bis die Sauerteigkultur vollständig umgestellt ist.

Roggensauerteig → Lievito Madre
10 g Roggenanstellgut
20–25 g warmes Wasser (40 °C)
50 g Weizenmehl Type 550
Das Roggenanstellgut im Wasser auflösen, danach gründlich mit dem Mehl verkneten. In ein sauberes Glas (mit Deckel) geben, den Deckel lose schließen und an einem 26–30 °C warmen Ort bis zur guten Verdopplung reifen lassen.
Anschließend wie einen Lievito Madre weiter auffrischen (siehe Seite 24), es sind mindestens fünf Auffrischungen nötig, bis die Sauerteigkultur vollständig umgestellt ist.

WEIZENSAUERTEIG

Weltweit betrachtet ist vor allem Weizensauerteig am meisten verbreitet. Wenn von »Levain liquide« in Frankreich oder »Sourdough« beziehungsweise »Levain« im englischsprachigen Raum oder »Li.co.li« (Lievito in coltura liquida) in Italien die Rede ist, ist flüssiger Weizensauerteig gemeint. Weizensauerteig ist der traditionelle Sauerteig für beliebte französische Brotklassiker wie Tourte de Meule, Pain de Champagne oder Pain au Levain. Aber auch für Baguette, Brötchen oder süße Backwaren wird Weizensauerteig gerne eingesetzt. Ein besonders berühmter Vertreter für Weizensauerteigbrot ist außerdem das San Francisco Sourdough Bread. Fernab der Brotherstellung kann Weizensauerteig oder Weizenanstellgut zudem die kreative Küche als aromatische Zutat bereichern. Sowohl süße als auch herzhafte Gerichte profitieren von deren milden und komplexen Aromen.

WICHTIGE FAKTEN

Weizensauerteig ist ein mild-aromatischer Sauerteig, der sich dadurch vor allem für helle Backwaren wie Brötchen oder Weißbrot sehr gut eignet.

Flüssiger Weizensauerteig besteht meist aus den gleichen Anteilen von Mehl und Wasser. Auf 100 g Weizenmehl kommen beispielsweise 100 g Wasser. Deshalb ist hier auch von weichem oder flüssigem Sauerteig die Rede. Im Vergleich zu Roggensauerteig ist Weizensauerteig durch das Mehl bedingt merklich weicher beziehungsweise flüssiger. Deshalb wird Weizensauerteig manchmal ein wenig fester geführt, dann kommen zum Beispiel auf 100 g Weizenmehl nur 80 g Wasser.

Das klassische Mehl für die Auffrischung von Weizenanstellgut ist Weizenmehl Type 550 (in Österreich W 700). Sehr gut geeignet ist aber auch Weizenmehl Type 1050. Weizenvollkornmehl eignet sich prinzipiell zwar ebenso, führt auf Dauer aber vermehrt zu säuerlichen Aromen.

Besonders komplexe und fast blumige Aromen können bei einem Weizensauerteig entstehen, wenn dieser mit französischen Weizenmehlen wie T 65 oder T 80 geführt wird. Hierbei ist darauf zu achten, dass diese Mehle frei von Zusatzstoffen wie Ascorbinsäure (Vitamin C) oder Enzymzusätzen sind, da diese die Fermentation stören können.

Für eine lange kalte Teigführung ist ein mild geführter Weizensauerteig sehr gut geeignet und kann insbesondere bei hefefreier Zubereitung zu hocharomatischen Backwaren führen.

Weizensauerteigkulturen können prinzipiell zwar dauerhaft bei Raumtemperatur aufgefrischt werden, enthalten dann jedoch häufig nicht ausreichend Sauerteighefen, die zum großen Teil für die Teiglockerung verantwortlich sind, und es kommt vermehrt zu säuerlichen Noten.

Empfehlenswert ist eine warme und damit milde Sauerteigführung, sowohl zur Auffrischung als auch zum Backen.

Wird ein **Weizensauerteig zum Backen** angesetzt, sollte sich dieser mindestens verdoppelt haben, bevor er mit dem Teig gemischt wird. Der reife Weizensauerteig sollte stark mit Luftbläschen durchsetzt und noch nicht eingefallen sein.

Bei der **Auffrischung des Anstellguts** zur Pflege sollte dieses bereits bei knapper Verdopplung in den Kühlschrank gestellt werden.

Spannende Aromen können entstehen, wenn für den Sauerteigansatz statt Wasser beispielsweise

Kaffee genutzt wird. Bei Verwendung von Milch kann der Milchanteil in Backwaren oder Speisen erhöht werden und zu vollmundigeren Aromen führen. Weizensauerteig hat mit Milch einen besonders milden Geschmack.

Für **Dinkelsauerteig** gilt das Gleiche wie für Weizensauerteig, geeignete Mehle zur Auffrischung sind das Dinkelmehl Type 630 und 1050. Dinkelvollkornmehl eignet sich prinzipiell zwar ebenso, führt auf Dauer aber vermehrt zu säuerlichen Aromen.

TYPISCHE SAUERTEIGFÜHRUNGEN

Die mildeste und schnellste Methode zur Auffrischung von Sauerteiganstellgut ist die **1:1:1-Methode**. Sie ist auch zum Backen sehr gut geeignet. Dabei werden 1 Teil Weizenanstellgut + 1 Teil warmes Wasser + 1 Teil Weizenmehl gemischt und zur Gärung bei 26–30 °C warm gestellt. Die Verdopplung sollte dabei innerhalb von 2–4 Stunden erfolgen. Diese Methode wird gerne bei reinen Sauerteigbroten ohne Hefezugabe eingesetzt, dabei ist es durchaus empfehlenswert, das Weizenanstellgut vorher zusätzlich noch ein- bis zweimal aufzufrischen, damit es hochaktiv ist und der Sauerteig eine gute Triebkraft besitzt.

Beispiel 1:1:1
50 g Weizenanstellgut
50 g warmes Wasser (40 °C)
50 g Weizenmehl Type 550 oder 1050
In einem sauberen Glas (mit Deckel) alles gründlich verrühren und den Deckel lose schließen.
Die Mischung an einem 26–30 °C warmen Ort etwa 2–4 Stunden reifen lassen.

Weitere milde Führungsmethoden zur Auffrischung oder zum Backen sind beispielsweise auch die Mischverhältnisse von **1:2:2 bis 1:5:5**. Im Wesentlichen muss bei den verschiedenen Mengenverhältnissen zwischen Anstellgut, Wasser und Mehl die Reifezeit unter Berücksichtigung der Umgebungstemperatur angepasst und der richtige Reifegrad abgepasst werden. Je weniger Anstellgut im Verhältnis zu Mehl und Wasser, desto länger die Reifezeit. Die Reifezeit hängt sehr von der Aktivität des eigenen Anstellguts ab.

Beispiel 1:2:2
20 g Weizenanstellgut
40 g warmes Wasser (40 °C)
40 g Weizenmehl Type 550 oder 1050
Das Weizenanstellgut mit dem warmen Wasser und dem Weizenmehl gründlich vermischen. Abgedeckt bei 26–30 °C 4–6 Stunden reifen lassen.

Prinzipiell ist auch eine **einstufige Sauerteigführung mit dem Verhältnis 1:10:10** möglich. Durch die längere und kühlere Reifezeit kommt es meist zu ausgeprägteren Säurenoten im Vergleich zu den zuvor genannten Führungsmethoden. Dabei werden 1 Teil Weizenanstellgut + 10 Teile warmes Wasser + 10 Teile Weizenmehl gemischt und bei Raumtemperatur für 10–12 Stunden zur Gärung gestellt. Bei sehr aktiven Sauerteigkulturen kann die Reifung individuell auch deutlich schneller erfolgen. Für ein besseres Zeitmanagement kann die Anstellgutmenge dann auch halbiert werden, zum Beispiel bei Reifung über Nacht.

Beispiel 1:10:10
10 g Weizenanstellgut
100 g warmes Wasser (40 °C)
100 g Weizenmehl Type 550 oder 1050
In einem sauberen Glas (mit Deckel) alles gründlich verrühren und den Deckel lose schließen.
Die Mischung bei Raumtemperatur (22 °C) etwa 10–12 Stunden reifen lassen.

WEIZENSAUERTEIG UMZÜCHTEN ZU LIEVITO MADRE ODER ROGGENSAUERTEIG

Weizensauerteig → Roggensauerteig
10 g Weizenanstellgut
50 g warmes Wasser (40 °C)
50 g Roggenmehl Type 1050
In einem sauberen Glas (mit Deckel) alles gründlich verrühren und den Deckel lose schließen.
Die Mischung an einem 26–28 °C warmen Ort bis zur guten Verdopplung reifen lassen.

Anschließend wie einen Roggensauerteig weiter auffrischen (siehe Seite 19), es sind mindestens fünf Auffrischungen nötig, bis die Sauerteigkultur vollständig umgestellt ist.

Weizensauerteig → Lievito Madre
50 g Weizenanstellgut
10 g warmes Wasser (40 °C)
50 g Weizenmehl Type 550
Das Weizenanstellgut in dem Wasser auflösen, anschließend gründlich mit dem Mehl verkneten. In ein sauberes Glas (mit Deckel) geben, den Deckel lose schließen und die Mischung an einem 26–30 °C warmen Ort bis zur guten Verdopplung reifen lassen.

Anschließend wie einen Lievito Madre weiter auffrischen (siehe Seite 24), es sind bis zu fünf Auffrischungen nötig, bis die Sauerteigkultur vollständig umgestellt ist.

Reifer Roggen- und Weizensauerteig (von oben nach unten)

LIEVITO MADRE

Lievito Madre ist ein fester Weizensauerteig, der mild-aromatisch schmeckt, reichlich Sauerteighefen enthält und dadurch eine äußerst gute Triebkraft besitzt. In Italien wird Lievito Madre sehr oft auch als »Pasta Madre« oder »Lievito naturale« bezeichnet. Panettone ist beispielsweise ein berühmter italienischer Klassiker mit diesem Sauerteig. Aber ebenso werden Brotteige, Ciabatta oder Focaccia häufig damit hergestellt. Auch in Frankreich gibt es eine feste Weizensauerteigversion, die »Levain dur« genannt wird. Außer für Brot kann Lievito Madre – aufgefrischt sowie aus dem Kühlschrank – für süße oder herzhafte Gerichte eingesetzt werden und zu wunderbaren Aromen beitragen.

WICHTIGE FAKTEN

Lievito Madre ist ein milder Sauerteig mit guter Triebkraft, der sich dadurch ideal für helle, mediterrane und süße Backwaren wie Brötchen, Pizza oder Hefegebäck eignet.

Charakteristisch für Lievito Madre ist die Auffrischung mit einem geringen Wasseranteil und großer Anstellgutmenge sowie eine kurze Reifezeit bei warmen Temperaturen.

Auf 100 g Weizenmehl kommen meist nur 40–50 g Wasser. Deshalb ist hier auch von einem festen Sauerteig die Rede. Wie viel Wasser zur Auffrischung genau benötigt wird, hängt dabei vom Mehl ab – manches nimmt etwas mehr und manches etwas weniger Wasser auf. Die Konsistenz des fertig gekneteten Sauerteigs erinnert an Marzipan. Bei einem Weizenmehl der Type 550 passt das Verhältnis von 50 g Wasser auf 100 g Mehl meist perfekt.

Die klassischen Mehle für die Auffrischung von Lievito Madre sind zum Beispiel die italienischen Weizenmehle Tipo 0 oder Tipo 00, hervorragend eignet sich aber auch Weizenmehl Type 550 (in Österreich W 700). Weizenmehl Type 1050 funktioniert zwar ebenfalls, traditionell ist jedoch die Verwendung sehr heller Mehlsorten. Weizenmehl Type 1050 kann aufgrund des höheren Nährstoffgehalts einer etwas inaktiveren Kultur wieder zu mehr Schwung verhelfen. Meistens reicht es aber, den Lievito Madre einige Male hintereinander mit dem gewohnten Mehl aufzufrischen.

Für eine lange kalte Teigführung passt ein milder Lievito Madre gut. Bei sehr langer kalter Teigführung ohne zusätzliche Hefe können die säuerlichen Aromen durchaus etwas prägnanter werden.

Das Mischverhältnis der Zutaten ist bei Lievito Madre in der Regel immer gleich, zur Auffrischung sowie zum Backen.

Wird ein **Lievito Madre zum Backen** angesetzt, sollte sich dieser mindestens verdoppelt bis verdreifacht haben, bevor er mit dem Teig gemischt wird. Manche Backenthusiasten messen auch den pH-Wert. Dieser sollte dann ungefähr bei ± 4,3 liegen.

Bei der **Auffrischung zur Pflege** sollte der Lievito Madre bereits bei knapper Verdopplung oder spätestens bei Verdopplung in den Kühlschrank gestellt werden.

Wenn zur Auffrischung statt Wasser Milch verwendet wird, kann damit der Milchanteil in Backwaren oder Speisen erhöht werden und zu vollmundigeren Aromen führen. Dies kann insbesondere bei süßen Backwaren von Vorteil sein. Da Milch nicht zu 100 % aus Wasser besteht, wird die Konsistenz des Sauerteigs oftmals ein klein wenig fester, deshalb wird bei der Zubereitung mit Milch häufig die Flüssigkeitsmenge minimal erhöht.

Prinzipiell kann Lievito Madre außerdem dauerhaft mit Dinkelmehl Type 630 geführt werden, als fester und milder Dinkelsauerteig beziehungsweise **Dinkel-Lievito-Madre**.

TYPISCHE SAUERTEIGFÜHRUNG

Das übliche Mischungsverhältnis zur Auffrischung bietet die 1:0,5:1-Methode. Sie ist sowohl zur Pflege als auch zum Backen üblich. Dabei werden 1 Teil Lievito-Madre-Anstellgut + 0,5 Teile warmes Wasser schaumig aufgeschlagen und danach mit 1 Teil Weizenmehl gründlich zu einem glatten Teig verknetet und zur Gärung bei 26–30 °C warm gestellt. Die Verdopplung sollte dabei innerhalb von 2–4 Stunden erfolgen.

Bei reinen Sauerteigbackwaren ohne Hefezugabe ist es durchaus empfehlenswert, den Lievito Madre vorher mindestens einmal zusätzlich aufzufrischen, damit dieser hochaktiv ist und eine sehr gute Triebkraft hat.

Beispiel
50 g Lievito-Madre-Anstellgut
20–25 g warmes Wasser (40 °C)
50 g Weizenmehl Type 550
Das Lievito-Madre-Anstellgut und das Wasser schaumig aufschlagen. Danach mit dem Mehl gründlich verkneten. Die Anstellgut-Mischung an einem warmen Ort bei 26–30 °C abgedeckt 2–4 Stunden reifen lassen.

LIEVITO MADRE UMZÜCHTEN ZU FLÜSSIGEM WEIZENSAUERTEIG ODER ROGGENSAUERTEIG

Vorab: Das Umzüchten von Lievito Madre zu flüssigem Weizensauerteig ist für die Rezepte in diesem Buch nicht unbedingt nötig. Er kann einfach nach der 1:1:1-Methode wie flüssiger Weizensauerteig aufgefrischt und so direkt verwendet werden. Zum Beispiel: 50 g Lievito-Madre-Anstellgut + 50 g warmes Wasser + 50 g Weizenmehl Type 550. Der Sauerteig wird auf diese Weise minimal fester, liegt aber noch völlig im üblichen Rahmen für Weizensauerteig und ist dann im Prinzip ein »Li.co.li« (Lievito in coltura liquida).

Lievito Madre → flüssiger Weizensauerteig
50 g Lievito-Madre-Anstellgut
50–70 g warmes Wasser (40 °C)
50 g Weizenmehl Type 550 oder 1150
Das Lievito-Madre-Anstellgut und das Wasser schaumig aufschlagen. Danach mit dem Weizenmehl vermischen. In ein sauberes Glas (mit Deckel) geben, den Deckel lose schließen und die Mischung bis zur guten Verdopplung an einem 26–30 °C warmen Ort reifen lassen.

Anschließend wie einen Weizensauerteig weiter auffrischen (siehe Seite 21). Der Sauerteig kann so sofort verwendet werden. Bis zur vollständigen Umstellung der Sauerteigkultur können bis zu fünf Auffrischungen nötig sein, insbesondere bei Mehlwechsel.

Lievito Madre → Roggensauerteig
50 g Lievito-Madre-Anstellgut
70 g warmes Wasser (40 °C)
50 g Roggenmehl Type 1150
Das Lievito-Madre-Anstellgut und das Wasser schaumig aufschlagen. Danach mit dem Roggenmehl vermischen. In ein sauberes Glas (mit Deckel) geben, den Deckel lose schließen und die Mischung bis zur guten Verdopplung an einem 26–28 °C warmen Ort reifen lassen.

Anschließend wie einen Roggensauerteig weiter auffrischen (siehe Seite 19), es sind mindestens fünf Auffrischungen nötig, bis die Sauerteigkultur vollständig umgestellt ist.

SONDERFORM SÜSSER SAUERTEIG

Um einen festen Weizensauerteig darauf vorzubereiten, schwere Teige ohne Hefezugabe zu lockern, kann dieser mit Zusatz von Zucker (etwa 20 % bezogen auf die Mehlmenge) einige Male aufgefrischt werden. Die Reifung dauert zunächst merkbar länger als gewohnt.

Da eine höhere Zuckerkonzentration bei süßen Hefeteigen freies Wasser bindet (hygroskopische Wirkung) und den Mikroorganismen damit schlechtere Bedingungen für ihre Vermehrung zur Verfügung stehen, wirkt Zucker hemmend auf die Fermentation. (Deshalb wird Zucker auch zur Haltbarmachung von Lebensmitteln eingesetzt.)

Durch das Auffrischen von Sauerteig mit Zugabe von Zucker wird die Mikroflora im Sauerteig an die »erschwerten« Bedingungen gewöhnt, da dann die Vermehrung jener Mikroorgansimen vordergründig ist, die sich später besser in zuckerhaltigen Teigen vermehren können und somit in der Lage sind, einen schweren, zuckerhaltigen Teig zu treiben.
Da sich schwere Teige auch gut mit einem mehrmals aufgefrischten Lievito Madre treiben lassen und es langfristig einiges an Zeit und Ressourcen kostet, zusätzlich einen süßen Sauerteig zu führen, enthält dieses Buch keine Rezepte mit süßem Sauerteig.
Die Führung eines solchen Sauerteigs lohnt sich nur bei häufigem Zubereiten von süßen und schweren Hefeteigen.

SAUERTEIG HALTBAR MACHEN

Es gibt verschiedene Methoden, um Sauerteig für eine längere Zeit haltbar zu machen, zum Beispiel vor dem Urlaub oder wenn aus anderen Gründen mal länger nicht gebacken werden kann. Diese Methoden können gleichzeitig für eine Sauerteigsicherung genutzt werden – ein Back-up als Sicherheitskopie der eigenen Sauerteigkultur.
Bei Bedarf kann dieses Back-up dann reaktiviert werden. Der »Bedarf« tritt manchmal schneller ein als gedacht: Das Sauerteigglas fällt herunter und zerspringt, es hat sich Schimmel gebildet oder der Sauerteig wurde aus Versehen komplett mit verbacken.

> Das Grundprinzip der Haltbarmachung ist dabei der Entzug von Wasser. Denn je weniger freies Wasser den Mikroorganismen im Sauerteig zur Verfügung steht, desto weniger aktiv sind sie und desto langsamer wird die Nahrung verbraucht. Bei allen Methoden werden nach der Reaktivierung mehrere Auffrischungen nötig sein, bis die ursprüngliche Aktivität wieder erreicht ist.

1. FESTER FÜTTERN ALS GEWOHNT

Kann der Sauerteig für eine gewisse Dauer nicht gefüttert werden, sollte er darauf vorbereitet werden. Dann ist er nach längerer Zeit ohne Auffrischung umso schneller wieder aktiv und einsatzbereit zum Backen. Das Ziel ist es, den Stoffwechsel der Mikroorganismen zu verlangsamen, damit die Nahrung möglichst lange ausreicht, bestenfalls für den gesamten Zeitraum. So hält der Sauerteig verschlossen im Kühlschrank gelagert für wenige Wochen durch.

Beispiel Roggensauerteig

Festere Auffrischung:
20 g Anstellgut + 25–30 g Wasser (40 °C) + 50 g Roggenmehl gründlich mischen und wie gewohnt reifen lassen. Aber bereits wenn sich das Volumen um etwa die Hälfte vergrößert hat, kalt stellen (möglichst 3 °C).

Auffrischung zur Reaktivierung:
25 g Anstellgut + 35–40 g Wasser (40 °C) + 25 g Mehl mischen und in warmer Umgebung reifen lassen, bis sich sichtbar Aktivität zeigt und die

Masse mit Luftbläschen durchsetzt ist. Danach wie gewohnt auffrischen.

2. KRÜMELSAUER (GERSTL)

Hierbei wird das zuvor aufgefrischte Anstellgut mit so viel Mehl vermischt (verkrümelt), bis eine feine krümelige Masse entsteht, die an Streuselteig erinnert. Dabei wird das sonst auch zum Füttern übliche Mehl für die Sauerteigkultur verwendet.

Anschließend wird der Krümelsauer im Kühlschrank gelagert und hält sich dort einige Wochen bis Monate. Das Mehl versorgt die Mikroorganismen mit Nahrung und der geringe Wassergehalt reduziert den Stoffwechsel der Mikroorganismen auf ein Minimum. Die Reaktivierung des Krümelsauers gelingt meist besser und schneller als die von Trockensauerteig.

Herstellung:
Das Anstellgut mit so viel Mehl mischen, bis eine krümelige Masse entsteht, danach kalt stellen.

Reaktivierung:
Den Krümelsauer mit so viel Wasser (40 °C) vermischen, bis eine homogene Masse entsteht. In warmer Umgebung reifen lassen, bis sich sichtbar Aktivität zeigt und die Masse mit Luftbläschen durchsetzt ist. Danach wie gewohnt auffrischen.

3. TROCKNEN (TROCKENSAUERTEIG)

Dies ist die einfachste Methode, um Sauerteig für lange Zeit haltbar zu machen.

Herstellung:
Der Sauerteig wird zum Trocknen so dünn wie möglich auf einen Bogen Backpapier oder Dauerbackfolie verstrichen und bei Raumtemperatur komplett durchgetrocknet. Fester Sauerteig (Lievito Madre) muss entsprechen dünn ausgerollt werden.

Das Trocknen dauert etwa 1–2 Tage. Alternativ kann der Trocknungsprozess auch im Backofen beschleunigt werden, die Temperatur darf dabei allerdings 40 °C nicht überschreiten, da die Mikroorganismen sonst absterben und der Trockensauerteig nicht mehr reaktivierbar ist. Das vollständige Durchtrocknen ist sehr wichtig, da es sonst zur Schimmelbildung kommen kann.

Anschließend kann der Sauerteig zerkrümelt oder zu Pulver vermahlen werden. Lichtgeschützt und luftdicht aufbewahrt, kann er durch diese Trockensicherung mehrere Jahre halten.

Reaktivierung:
20 g Wasser (40 °C) + 10 g Trockensauerteig + 10 g Mehl mischen und in warmer Umgebung reifen lassen, bis sich sichtbar Aktivität zeigt und die Masse mit Luftbläschen durchsetzt ist. Danach wie gewohnt auffrischen.

4. GERÖSTETER SAUERTEIG (RÖSTSAUERTEIG)

Der geröstete Sauerteig, auch als »Fleur de Levain« bekannt, ist eigentlich mehr eine Sauerteigverwertung als Haltbarmachung und stellt eine Sonderform des getrockneten Sauerteiges dar. Röstsauerteig ist aufgrund der Hitzeeinwirkung **nicht reaktivierbar**. Der Reiz liegt beim Röstsauerteig vor allem in den interessanten und vielschichtigen Aromen. Gleichzeitig verringert sich beim Rösten die Säure. Wird Roggensauerteig geröstet, entstehen besonders intensive Aromen. Die Haltbarkeit von Röstsauerteig ist im Grunde unbegrenzt.

Herstellung:
Der Sauerteig wird dazu, wie bei der Herstellung des Trockensauerteigs, möglichst dünn auf einen Bogen Backpapier oder Dauerbackfolie verstrichen, aber anschließend im Backofen geröstet. Fester Sauerteig (Lievito Madre) muss entsprechen dünn ausgerollt werden.

Bei geringer Temperatur entstehen milde Röstaromen und bei höherer Temperatur werden diese intensiver. Gut geeignet ist beispielsweise die Restwärme des Backofens nach einem Backvorgang. Beim Rösten muss der Sauerteig vollständig durchtrocknen. Nach dem Abkühlen kann der Sauerteig in einem Mixer oder Mörser pulverisiert werden.

IDEEN ZUR VERWERTUNG VON TROCKEN- UND RÖSTSAUERTEIG

- 10–20 g Mehl in einem Brot- oder Brötchenteig (basierend auf 500 g Mehl) durch gerösteten Sauerteig ersetzen
- pur oder gemischt mit Mehl zum Aufarbeiten von Teigen nutzen
- pur oder gemischt mit Mehl zum Ausstreuen von Gärkörben oder eingefetteten Kastenformen nutzen
- vor dem Backen auf Teiglinge streuen, diese am besten vorher leicht anfeuchten
- ein Teil des Mehls für ein Mehlkochstück damit ersetzen
- unter Semmelbrösel mischen, egal ob zum Panieren, als Butterbrösel auf Gemüse wie Spargel oder zum Binden von Hackmasse für Frikadellen
- zum Aromatisieren und binden 1 TL–1 EL an Suppen, Saucen und herzhafte Gerichte geben

IDEEN ZUR VERWERTUNG VON ANSTELLGUT

- zum Binden von Saucen und Suppen benutzen
- eine Sauerteigstreiche aus Sauerteig und Wasser herstellen
- als Basis für ein Mehlkochstück nutzen
- zusätzlich als Aromateig an Brotteige geben (entsprechend Mehl und Wasser abziehen)

Trockensauerteig, Krümelsauerteig und Röstsauerteig (von oben nach unten)

EXKURS BROTBACKEN

Das Backen von Brot, Brötchen und Gebäcken wie Hefezopf und Co. gliedert sich zumeist in folgende wichtige Arbeitsschritte auf.

1. VORSTUFEN HERSTELLEN

Je nach Rezeptur werden zunächst die Vorstufen hergestellt. Dazu zählen insbesondere Sauerteige, aber auch Vorteige, Quellstücke, Brühstücke und (Mehl-)Kochstücke.

2. TEIG ZUBEREITEN

Dem eigentlichen Teigkneten geht häufig eine kurze Phase des Mehlverquellens voraus: die sogenannte **Autolyse** oder **Fermentolyse**. Beim Autolyseteig werden nur Flüssigkeiten und Mehl / Getreideprodukte vermischt. Einem Fermentolyseteig werden zusätzlich noch Sauerteig / Vorteig beigemengt, was eine eher kurze Stehzeit bedingt.

Grundsätzlich werden zuerst die feuchten Zutaten in die Schüssel gegeben. Sehr kleine Hefemengen werden dabei vorzugsweise zuerst in der Schüttflüssigkeit aufgelöst. Anschließend folgen die trockenen Zutaten.

Das **Kneten** in der Küchenmaschine gliedert sich zumeist in eine längere Mischphase bei geringer Knetgeschwindigkeit und eine kürzere Phase mit höherer Knetgeschwindigkeit, bei der das Glutengerüst optimal ausgebildet wird. Zum Schluss sollte der sogenannte **Fenstertest** möglich sein. Roggen- oder Roggenmischteige sind hier eine Ausnahme: Sie werden nur gemischt und bilden kein Glutengerüst aus, weshalb auch kein Fenstertest möglich ist. Die Alternative, das Kneten von Hand, erfordert viel Kraftaufwand und ist meist sehr langwierig.

3. STOCKGARE: DIE ERSTE TEIGRUHE

Während der ersten Reifephase des ungeformten Teiges nehmen die Mikroorganismen ihre Tätigkeit auf und die Fermentation kommt in Schwung. Gleichzeitig verquellen die Mehlbestandteile weiter mit der Schüttflüssigkeit.

Für die Stockgare wird der Teig in eine leicht geölte Schüssel oder Teigwanne (rechteckiger, lebensmittelechter Kunststoffbehälter mit Deckel) gegeben und anschließend abgedeckt. Zum Einölen sind geschmacksneutrale Öle prima geeignet.

Während der Stockgare werden die Teige (mit Ausnahme von Roggen- oder Roggenmischteigen) mit angefeuchteten Händen einmal oder mehrmals **gedehnt und gefaltet**. Dadurch erhalten die Teige deutlich mehr Struktur, werden standfester und sind durch die Straffung später leichter formbar. Zusätzlich werden Sauerstoff und CO_2 ausgetauscht und die Aktivität der Mikroorganismen angeregt.

4. FORMEN

Der Teig wird beim Formen gestrafft und in die endgültige Form gebracht.

Für Brotlaibe werden Teige meist rund oder länglich geformt (wirken). Das Rundformen von kleinen Teiglingen wird häufig als Rundschleifen bezeichnet.

Das Formen erfolgt meist auf der leicht bemehlten Arbeitsfläche. Roggenmehl, Hartweizenmehl oder Weizen-/Dinkeldunst sind dafür besonders gut geeignet. Wichtig ist, dabei so wenig wie möglich an Mehl einzuarbeiten, sonst kann es später in der Krume zu Einschlüssen mit Mehlnestern kommen.

5. STÜCKGARE: DIE ZWEITE TEIGRUHE

Das ist die letzte Gärphase des geformten Teiges (Teigling) vor dem Backen. Dabei soll das Volumen so weit zunehmen, dass Ofentrieb und spätere Krume optimal ausfallen. Die Stückgare kann mit der beim Formen entstandenen Teignaht (Teigschluss) nach unten oder oben erfolgen und findet meist in einem bemehlten Gärkörbchen oder Bäckerleinen/Küchentuch statt.

Fingertest: Zur Beurteilung, wie weit die Reifung eines Teiglings fortgeschritten ist, dient neben der Beobachtung der Volumenzunahme der sogenannte Fingertest. Dieser macht insbesondere bei Weizen- und Dinkelteigen oder Weizen- und Dinkelmischteigen Sinn. Dabei wird die Teigoberfläche mit der leicht bemehlten oder angefeuchteten Fingerkuppe (Zeigefinger) etwa 0,5–1 cm tief eingedrückt. Je weniger und langsamer sich die entstandene Delle wieder auffüllt, desto weiter ist die Stückgare fortgeschritten.

Hat sich ein Teigling fast verdoppelt, fühlt er sich elastisch, weich und luftig an und füllt sich die entstandene Delle beim Fingertest nur langsam und nicht mehr vollständig auf, ist die sogenannte **»knappe Gare«** erreicht. Es gibt noch einen ausgezeichneten Ofentrieb, das Gebäck bekommt ein gutes Volumen und einen schönen Ausbund.

Hat sich das Volumen des Teiglings mindestens verdoppelt, fühlt sich dieser weich und schwammig an, hat aber noch eine leichte Spannung und bleibt die entstandene Delle (fast) vollständig eingedrückt, ist die sogenannte **»Vollgare«** erreicht. Der Ofentrieb wird nicht mehr allzu ausgeprägt sein und das Gebäck wenig bis gar nicht aufreißen, was beispielsweise bei Burger Buns gewünscht ist.

6. BACKEN

Gebacken wird, sobald der gewünschte Reifezustand während der Stückgare erreicht ist. Empfehlenswert ist das Backen von Brot, Brötchen und ähnliche Backwaren im Haushaltsofen auf einem dicken Backstein (15–30 mm) oder Backstahl (Stahlplatte mit 6–8 mm). Diese sorgen aufgrund der hervorragenden Wärmespeicherung und direkten Wärmeübertragung auf den Teig für einen guten Ofentrieb, vorausgesetzt sie sind gut vorgeheizt.

Ist der Teigschluss beim Backen unten, wird der Teigling in der Regel eingeschnitten – mit einem sehr scharfen Messer etwa 3–5 mm tief und mit einem raschen und beherzten Schnitt. Wird mit dem Teigschluss nach oben gebacken, reißt der Teig von allein rustikal auf.

Einschießen nennt sich das In-den-Backofen-Befördern des reifen Teiges. Bewährt ist dafür ein Brotschieber (Einschießer), ein dünnes Holzbrett oder randloses Blech.

Schwaden: Damit sich der Teigling während der ersten Minuten im Backofen gut ausdehnen kann, ist zu Backbeginn Wasserdampf nötig. Dieser kondensiert auf der Teigoberfläche und hält sie elastisch.

Besteht Unsicherheit, ob ein Gebäck fertig gebacken ist, kann die **Kerntemperatur** mit einem Einstichthermometer gemessen werden. Bei Brot und Brötchen sollte diese 94–98 °C und bei feinem Gebäck 92–94 °C betragen.

Hier finden Sie nützliche Videos zum Umgang mit Teigen, unter anderem zum Fenstertest, Dehnen und Falten sowie Formen. Weiterhin finden Sie ein Glossar mit Fachbegriffen rund um das Brotbacken: cookieundco.de/brot-wissen/

LEITFADEN ZU DEN REZEPTEN

Beim Backen von Brot, Brötchen und Gebäck entscheiden viele verschiedene Faktoren zwischen Gelingen und Enttäuschung. Daher kann ein Rezept immer nur Richtwerte vorgeben. Sich ausschließlich streng ans Rezept zu halten, ist daher sogar teilweise kontraproduktiv. Die wichtigsten dieser Faktoren und Richtwerte sind hier zusammengefasst, bevor es an die Rezepte geht.

- Die **Aktivität des eigenen Sauerteigs** spielt eine sehr große Rolle und kann zu anderen Reifezeiten als im Rezept vorgegeben führen.

- Die Temperatur des Teiges und die der Umgebung haben einen entscheidenden Einfluss darauf, in welcher Geschwindigkeit die Fermentation abläuft. **5-Grad-Regel:** Nur 5 °C mehr als im Rezept vorgesehen halbiert die Reifezeit, 5 °C weniger als vorgesehen verdoppelt sie.

- Bei der Angabe »**Raumtemperatur**« wird von **20–22 °C** ausgegangen.

- Mit der Angabe »**kühles Wasser**« wird von Leitungswasser mit etwa **15 °C** ausgegangen.

- Möglichst Mehl in Mühlenqualität nutzen. Insbesondere preiswertes Supermarktmehl hat oftmals eine schlechtere Qualität mit geringerer Wasseraufnahme.

- Zunächst **10–20 %** der angegebenen **Flüssigkeitsmenge zurückhalten** und bei Bedarf später an den Teig geben.

- Die Zutaten werden hauptsächlich in Gramm angegeben, da dies die genaueste Methode des Abmessens ist.

- Die angegebenen **Knetzeiten sind Richtwerte** und können sich je nach Kneter unterscheiden.

- Rechtzeitig die Teigtemperatur messen und bei Weizen-/Dinkelteigen den Fenstertest durchführen.

- Die aufgezeigten Zeitpläne stellen einen möglichen zeitlichen Ablauf dar. Für die Teigzubereitung wird dabei pauschal von 20–30 Minuten ausgegangen. Ruhe-, Reife- und Ofenzeiten sind für Ihre Planung durch Fettungen hervorgehoben.

- **Für die Rezepte in diesem Buch, bei denen eine größere Anstellgutmenge benötigt wird, kann auch aufgefrischter Sauerteig verwendet werden, sollte nicht genügend Anstellgut vorhanden sein.**

- Rezepte, bei denen Reste verwendet werden können, sind gekennzeichnet.

TIPP: BROTBACKEN IM TOPF

Sollen die Brotlaibe in einem Gusstopf statt wie im Rezept freigeschoben gebacken werden, muss der Topf vorher gut bei 250 °C Ober-/Unterhitze aufgeheizt werden. Danach den Teigling aus dem Gärkorb in den heißen Topf stürzen, den Deckel schließen und das Brot bei 250 °C Ober-/Unterhitze 20 Minuten backen. Nach 20 Minuten den Deckel entfernen, die Temperatur auf 210 °C reduzieren und das Brot in 30 Minuten fertig backen.

BEILAGEN

NAAN-BROT

Naan ist ein Fladenbrot aus dem asiatischen Raum, das meist als Beilage zu warmen Speisen wie Curry serviert wird. Traditionell wird es in einem Tandoori-Ofen gebacken.

GESAMTZEIT	ZUBEREITUNGSZEIT	REIFEZEIT
6,5–9,5 Stunden	*1 Stunde*	*2–4 Stunden (Sauerteig) + 4,5 Stunden (Teig, gesamt)*

FÜR DEN LIEVITO MADRE

60 g Lievito-Madre-Anstellgut
30 g warmes Wasser (40 °C)
60 g Weizenmehl Type 550

Das Lievito-Madre-Anstellgut mit dem Wasser schaumig aufschlagen. Danach gründlich mit dem Mehl verkneten. Den Lievito Madre bei 26–30 °C abgedeckt **2–4 Stunden** bis zur guten Verdopplung reifen lassen.

FÜR DEN TEIG

250 g kühles Wasser
50 g kalter Vollmilchjoghurt
reifer Lievito Madre
3 g Frischhefe (optional)
5 g flüssiger Blütenhonig
400 g Weizenmehl Type 550
12 g Salz
10 g Olivenöl

Für den Teig alle Zutaten, außer Salz und Olivenöl, mit einer Küchen-/Knetmaschine mit geringer Stufe 10 Minuten kneten. Dann das Salz zugeben und den Teig mit höherer Stufe 3–5 Minuten ausknеten, dabei das Olivenöl in zwei bis drei Portionen hinzufügen und mit einkneten.
Teiggewicht: ca. 880 g
Teigtemperatur nach dem Kneten: ca. 24–26 °C

AUSSERDEM

neutrales Pflanzenöl für die Schüssel
Mehl zum Arbeiten

Stockgare
Den Teig in einer leicht geölten Schüssel bei Raumtemperatur abgedeckt etwa **3 Stunden** bis zur Verdopplung reifen lassen.

Formen
Den Teig auf der bemehlten Arbeitsfläche in acht Teiglinge von etwa 110 g abstechen und diese locker rund wirken. Die Teiglinge abgedeckt etwa **20 Minuten** ruhen lassen. Danach vorsichtig zu ovalen, etwa 20 cm langen Fladen ausziehen, der äußere Rand kann dabei etwas dicker bleiben.

Stückgare
Die Teigfladen abgedeckt (beispielsweise mit einem Küchentuch) bei Raumtemperatur etwa **60–80 Minuten** ruhen lassen.

FÜR DAS TOPPING

1 Knoblauchzehe
30 g Butter oder Ghee (geklärte Butter)
2 EL gehackte Petersilie oder gehackter Koriander

Für das Topping den Knoblauch abziehen und fein hacken. Die Butter in einem Topf schmelzen. Den Knoblauch zugeben und die Knoblauchbuttermasse bis zur Verwendung warm halten.

Backen

Eine gusseiserne Pfanne ohne Fett auf dem Herd bei mittlerer bis hoher Temperatur gut vorheizen. Überschüssiges Mehl von den Teigfladen entfernen. Die Teiglinge nacheinander in der Pfanne zu Naan-Broten ausbacken, dabei wenden, sobald die Unterseite goldbraun wird und die Oberseite Blasen wirft.

Danach die Naan-Brote aus der Pfanne nehmen und sofort mit der warmen Knoblauchbutter bestreichen. Die Naan-Brote mit der Petersilie bestreuen und servieren.

TIPP

Mit einem Küchentuch bedeckt bleiben die Fladenbrote länger warm und weich.

Für 8 Stück (Ø 20–25 cm) | Weizenanstellgut

WEIZENTORTILLAS

Tortillas – die sehr dünnen Fladenbrote aus der Pfanne sind in der Tex-Mex-Küche eine beliebte Grundlage für Burritos und Quesadillas oder werden mit einer Füllung gern zu Wraps gerollt.

GESAMTZEIT	ZUBEREITUNGSZEIT	RUHEZEIT
50–60 Minuten	*30–40 Minuten*	*20 Minuten*

FÜR DEN TEIG

300 g Weizenanstellgut
50 g kühles Wasser
250 g Weizenmehl Type 405
 + mehr zum Arbeiten
15 g Olivenöl
5 g Salz

Alle Zutaten zu einem glatten Teig verkneten.
Teiggewicht: 620 g

Den Teig auf der bemehlten Arbeitsfläche in acht Teiglinge von etwa 75–80 g abstechen. Diese rund wirken und abgedeckt etwa **20 Minuten** ruhen lassen.

Anschließend die Teiglinge auf etwa 20–25 cm Durchmesser ausrollen. Sollte sich der Teig dabei wieder zusammenziehen, abgedeckt weitere **15 Minuten** ruhen lassen und danach erneut ausrollen.

Eine gusseiserne Pfanne ohne Fett auf dem Herd bei mittlerer bis hoher Temperatur gut vorheizen. Überschüssiges Mehl von den ausgerollten Teiglingen entfernen. Diese nacheinander in der Pfanne je Seite etwa 1 Minute zu Tortillas ausbacken, sie sollten dabei nicht zu dunkel werden, sonst werden sie trocken.

Anschließend die Weizentortillas sofort servieren oder mit einem leicht feuchten Küchentuch bedecken, damit sie weich bleiben. Oder die Tortillas luftdicht verpackt aufbewahren.

TIPP

Statt 300 g Weizenanstellgut kann auch Lievito Madre verwendet werden. Dazu vor der Teigherstellung 225 g Lievito-Madre-Anstellgut und 75 g Wasser gründlich verrühren.

SAUER TEIG RESTE

Für 3–4 Personen | Lievito Madre

GNOCCHI DI PATATE

Die kleinen italienischen Nocken aus gekochten Kartoffeln und Hartweizenmehl können als Beilage oder als Hauptgericht serviert werden.

GESAMTZEIT	ZUBEREITUNGSZEIT	KOCHZEIT
1 Stunde	*20 Minuten*	*20–40 Minuten + 2–3 Minuten*

FÜR DEN TEIG

800 g mehligkochende Kartoffeln
150 g Lievito-Madre-Anstellgut
150 g Hartweizenmehl + mehr zum Arbeiten
1 Eigelb
5–8 g Salz + mehr zum Kochen

Die Kartoffeln gründlich waschen und dann mit Schale je nach Größe **20–40 Minuten** garen. Danach abgießen, mit kaltem Wasser abschrecken und pellen. Die Kartoffeln noch warm durch eine Kartoffelpresse drücken (alternativ mit einem Kartoffelstampfer zerdrücken). Dann unbedeckt abkühlen lassen.

Das Lievito-Madre-Anstellgut in kleine Stücke zupfen (so lässt es sich später einfacher mit den Kartoffeln verkneten) und zu den Kartoffeln geben. Das Hartweizenmehl, Eigelb und Salz ebenfalls hinzufügen. Alles mit den Händen zügig zu einem glatten, geschmeidigen und formbaren Teig verkneten. Ist die Masse noch zu weich und klebrig, etwas Hartweizenmehl zugeben.

Die Arbeitsfläche gut mit Hartweizenmehl bemehlen und den Teig zu Strängen von etwa 2 cm Durchmesser formen. Diese mit einem Messer in etwa 2 cm breite Stücke schneiden. Jedes Stück entweder über ein bemehltes Gnocchi-Brett ziehen oder über den Rücken einer Gabel rollen. So entstehen die für Gnocchi typischen Rillen.

Salzwasser in einem großen Topf aufkochen. Die Gnocchi in das leicht siedende Wasser geben und in etwa 2–3 Minuten gar ziehen lassen (nicht kochen). Sie sind fertig, sobald sie an der Oberfläche schwimmen. Dann die Gnocchi mit einer Schaumkelle herausheben und sofort servieren.

TIPP

Gnocchi können auch gut auf Vorrat hergestellt und eingefroren werden. Dazu die fertig geformten, rohen Gnocchi mit etwas Hartweizenmehl mischen und luftdicht verschlossen oder leicht vakuumiert einfrieren. Zum Servieren dann die gefrorenen Gnocchi in kochendes Salzwasser geben und gar ziehen lassen, bis sie an der Oberfläche schwimmen.

SAUER TEIG RESTE

Für 4 Personen | Weizenanstellgut

SPÄTZLE

Ein Grundrezept für die typischen schwäbischen Teigwaren – als Beilage oder für die Weiterverarbeitung zu Käsespätzle.

GESAMTZEIT	ZUBEREITUNGSZEIT	RUHEZEIT
45 Minuten	*30 Minuten*	*15 Minuten*

FÜR DEN TEIG

200 g Weizenanstellgut
5 Eier (Größe M)
200 g Weizenmehl Type 550
100 g Hartweizengrieß (alternativ Weizendunst)
5 g Salz + mehr zum Kochen

Das Weizenanstellgut und die Eier kurz verrühren. Danach das Weizenmehl, den Hartweizengrieß und das Salz zugeben. Den Teig so lange mit einem Kochlöffel verrühren, bis er glatt ist und Blasen wirft. Wenn der Teig langsam vom Kochlöffel fließt, ohne zu reißen, hat er die richtige Konsistenz.

Den Teig abgedeckt bei Raumtemperatur etwa **15 Minuten** ruhen lassen.

Anschließend Salzwasser in einem großen Topf aufkochen. Den Spätzleteig portionsweise von einem Brett in das kochende Wasser schaben (das ist die traditionelle Methode). Oder den Teig mithilfe einer Spätzlepresse oder eines Spätzlehobels in das Wasser geben. Die Spätzle so lange garen, bis sie an der Wasseroberfläche schwimmen. Dann mit einer Schaumkelle herausnehmen und warm halten, bis der gesamte Teig verarbeitet wurde. Das Herausnehmen der fertigen Spätzle ist wichtig, da der rohe Teig für die nächste Portion sonst auf die fertigen Spätzle im Topf fällt und sich beides verbindet.

Die Spätzle sofort servieren; werden sie nicht gleich verzehrt, mit kaltem Wasser abschrecken, gründlich abtropfen lassen und nach dem Abkühlen einfrieren.

TIPP

Statt 200 g Weizenanstellgut kann auch Lievito-Madre-Anstellgut verwendet werden. Dazu vor der Teigherstellung 150 g Lievito-Madre-Anstellgut und 50 g Milch oder Wasser gründlich verrühren.

SAUER TEIG RESTE

Für 4 Personen | Lievito Madre

PASTA FRESCA

Hier wird ein Nudelteig mit Ei zu Tagliatelle, Fettuccine oder Lasagneblätter verarbeitet. Auch als Basis für Tortellini oder Ravioli ist er sehr gut geeignet.

GESAMTZEIT	ZUBEREITUNGSZEIT	RUHEZEIT
1 Stunde	*30 Minuten*	*30 Minuten*

FÜR DEN TEIG

150 g Lievito-Madre-Anstellgut
200 g Hartweizenmehl
+ mehr zum Arbeiten
und nach Bedarf
2 Eier (Größe M)
½ TL Salz + mehr zum Kochen

Alle Zutaten zu einem glatten und geschmeidigen, aber festen Teig kneten; je nach Größe der Eier werden nach Bedarf eventuell 10–20 g mehr Hartweizenmehl benötigt. Den Teig abgedeckt bei Raumtemperatur etwa **30 Minuten** ruhen lassen.

Anschließend den Teig vor dem Aufarbeiten noch mal durchkneten oder einige Male zusammenfalten, damit er elastischer wird. Leicht mit Hartweizenmehl bemehlen und je ein Viertel des Teiges mit dem Nudelholz oder mithilfe von Pastawalzen so dünn wie möglich ausrollen. Bei Verwendung von Pastawalzen mit Stufe 0 beginnen und den Teig mehrmals bis etwa Stufe 6 (1,2 mm) durchdrehen.

Für frische Pasta die Nudelteigplatten mit Hartweizenmehl bestauben, zusammenrollen und mit einem Messer in schmale (für Fettuccine) oder etwas breitere Bandnudeln (für Tagliatelle) schneiden. Alternativ die Nudelteigplatten durch eine Bandnudelwalze drehen; gelegentlich schneidet sich der Teig darin besser, wenn er vorher **30 Minuten** antrocknet.

Die fertig geschnittene Pasta etwas lockern und auf ein mit Hartweizenmehl bestaubtes Küchentuch legen. Salzwasser in einem Topf aufkochen und die Pasta darin in etwa 1–3 Minuten al dente kochen. Anschließend sofort servieren oder weiterverarbeiten.

Für Lasagne die Nudelteigplatten vor dem Schichten des Auflaufs **1 Stunde** trocknen lassen.

TIPP

Für eine größere Menge Pasta pro Portion kann dem Teig zusätzlich 1 Ei (Größe M) und 100 g Hartweizenmehl zugefügt werden.

SAUER TEIG RESTE

Für 4 Personen | Roggenanstellgut

DINKEL-PASTA

Für diese Pasta wird ein Nudelteig mit Ei aus Dinkel mit Vollkornanteil verwendet. Sie passt besonders gut zu würzigen Saucen.

GESAMTZEIT	ZUBEREITUNGSZEIT	RUHEZEIT
1 Stunde	*30 Minuten*	*30 Minuten*

FÜR DEN TEIG

100 g mildes Roggenanstellgut
100 g Dinkelvollkornmehl
150 g Dinkeldunst
+ mehr zum Arbeiten
und nach Bedarf
2 Eier (Größe M)
½ TL Salz + mehr zum Kochen

Alle Zutaten zu einem glatten und geschmeidigen, aber festen Teig kneten; je nach Größe der Eier werden nach Bedarf eventuell 10–20 g mehr Dinkeldunst benötigt. Den Teig abgedeckt bei Raumtemperatur etwa **30 Minuten** ruhen lassen.

Anschließend den Teig vor dem Aufarbeiten noch mal durchkneten oder einige Male zusammenfalten, damit er elastischer wird. Leicht mit Dinkeldunst bemehlen und je ein Viertel des Teiges mit dem Nudelholz oder mithilfe von Pastawalzen so dünn wie möglich ausrollen. Bei Verwendung von Pastawalzen mit Stufe 0 beginnen und den Teig mehrmals bis etwa Stufe 6 (1,2 mm) durchdrehen.

Die Nudelteigplatten mit Dinkeldunst bestauben, zusammenrollen und mit einem Messer in schmale (für Fettuccine) oder etwas breitere Bandnudeln (für Tagliatelle) schneiden. Alternativ die Nudelteigplatten durch eine Bandnudelwalze drehen; gelegentlich schneidet sich der Teig darin besser, wenn er vorher **30 Minuten** antrocknet.

Die fertig geschnittene Pasta etwas lockern und auf ein mit Dinkeldunst bestaubtes Küchentuch legen. Salzwasser in einem Topf aufkochen und die Pasta darin in etwa 1–3 Minuten al dente kochen. Anschließend sofort servieren.

TIPP

Für eine größere Menge Pasta pro Portion kann dem Teig zusätzlich 1 Ei (Größe M) und 100 g Dinkeldunst zugefügt werden.

Für 4–6 Stück | Weizenanstellgut

KRÄUTER-CRÊPES

Ein Rezept für pikante Pfannkuchen mit frischen Kräutern als Grundlage für eine herzhafte Füllung. Für neutrale Crêpes können die Kräuter und der Pfeffer weggelassen werden.

GESAMTZEIT	ZUBEREITUNGSZEIT	REIFEZEIT
2,5–4,5 Stunden	*30 Minuten*	*2–4 Stunden*

FÜR DEN MILCHSAUERTEIG

100 g Weizenanstellgut
100 g warme Vollmilch (40 °C)
100 g Weizenmehl Type 405

Das Weizenanstellgut in der Vollmilch auflösen und danach gründlich mit dem Weizenmehl mischen. Den Milchsauerteig bei 26–30 °C abgedeckt **2–4 Stunden** bis zur guten Verdopplung reifen lassen.

FÜR DEN TEIG

3 Eier (Größe M)
50 g Vollmilch
reifer Milchsauerteig
½ TL Salz
1 Prise frisch gemahlener schwarzer Pfeffer
½ Bund Petersilie
½ Bund Schnittlauch

Für den Teig die Eier mit der Milch, dem reifen Milchsauerteig, Salz und Pfeffer mit einem Schneebesen gründlich verrühren.

Die Kräuter waschen und trockentupfen. Die Petersilie fein hacken und den Schnittlauch in feine Röllchen schneiden. Beides unter den Teig mischen.

AUSSERDEM

Butter zum Ausbacken

Die Butter in einer antihaftbeschichteten Pfanne erhitzen. Den Teig darin portionsweise von beiden Seiten goldgelb zu Crêpes ausbacken. Anschließend die Crêpes nach Belieben füllen und servieren.

TIPP

Die Kräuter-Crêpes eigen sich auch gut als Frittaten oder Flädle für eine wärmende Suppe. Dazu die Crêpes in Streifen schneiden, in einen tiefen Teller geben und mit heißer Brühe übergießen. Soll der Teig dafür etwas dickflüssiger sein, kann die Vollmilch weggelassen werden.

SAUER TEIG RESTE

Für 8 Stück | Weizenanstellgut

SEMMELKNÖDEL

Die Spezialität der süddeutschen, österreichischen und böhmischen Küche wird klassisch als Beilage zu Gerichten wie Pilz-Rahm-Sauce, Braten oder Gulasch serviert.

GESAMTZEIT	ZUBEREITUNGSZEIT	RUHEZEIT	KOCHZEIT
40 Minuten	*30 Minuten*	*10 Minuten*	*20 Minuten*

FÜR DEN KNÖDELTEIG

- 5 altbackene Brötchen (à ca. 60 g)
- 100 g Vollmilch
- 100 g Weizenanstellgut
- 1 große Zwiebel
- 20 g Butter
- 2 Eier (Größe M)
- 1 TL Salz + mehr zum Kochen
- 1 Prise frisch gemahlener schwarzer Pfeffer
- 2 EL gehackte glatte Petersilie
- 1 Prise geriebene Muskatnuss

Die Brötchen klein würfeln und in eine große Schüssel geben. Die Milch erhitzen, bis sie dampft, und über die Würfel gießen. Danach das Weizenanstellgut zugeben und alles sehr gut durchmischen. Die Masse **10 Minuten** quellen lassen.

Die Zwiebel abziehen und fein würfeln. Die Butter in einer Pfanne schmelzen und die Zwiebelwürfel darin kurz anschwitzen.

Die Eier mit dem Salz und Pfeffer sowie der gehackten Petersilie und der Prise Muskatnuss verrühren. Zusammen mit der Zwiebel zu der Brötchenmasse geben und mit den Händen gut zu einem Teig verkneten.

Salzwasser in einem großen Topf aufkochen. Dann aus dem Teig mit gut angefeuchteten Händen tennisballgroße Knödel formen, diese in das leicht siedende Salzwasser geben und in etwa 20 Minuten gar ziehen lassen (nicht kochen). Die Semmelknödel sind fertig zum Servieren, sobald sie an der Oberfläche schwimmen.

TIPP

Sollte die Knödelmasse zu weich sein und sich schlecht formen lassen, etwas Semmelbrösel untermischen. Sollte die Masse hingegen zu trocken sein, ein wenig Milch zugeben.

DAMPFNUDELN NACH PFÄLZER ART

Dampfnudeln einmal anders: in einer Pfanne gedämpfte Hefeklöße mit einer Salzkruste am Boden. Traditionell werden sie in der Pfalz mit Kartoffelsuppe und anschließend mit Vanille- oder Weinschaumsauce serviert.

GESAMTZEIT	ZUBEREITUNGSZEIT	REIFEZEIT	KOCHZEIT
6–8 Stunden	*1 Stunde*	*2–4 Stunden + 2,5 Stunden*	*20–30 Minuten*

FÜR DAS MEHLKOCHSTÜCK

25 g Weizenmehl Type 550
100 g Vollmilch

Das Mehl und die Milch in einem kleinen Topf mit einem Schneebesen klümpchenfrei verrühren. Langsam erhitzen und dabei weiterrühren. Nach wenigen Minuten beginnt die Masse puddingartig einzudicken. Dann den Topf vom Herd nehmen und noch 1–2 Minuten weiterrühren.

Anschließend die Masse umfüllen und einige Minuten abkühlen lassen. Zuletzt das Mehlkochstück mit Frischhaltefolie abgedeckt im Kühlschrank kalt stellen.

FÜR DEN LIEVITO MADRE

30 g Lievito-Madre-Anstellgut
15 g warmes Wasser (40 °C)
30 g Weizenmehl Type 550

Das Lievito-Madre-Anstellgut mit dem Wasser schaumig aufschlagen. Danach gründlich mit dem Mehl verkneten. Den Lievito Madre **2–4 Stunden** bei 26–30 °C bis zur guten Verdopplung reifen lassen.

FÜR DEN HAUPTTEIG

180–200 g kalte Vollmilch
kaltes Mehlkochstück
reifer Lievito Madre
10 g Frischhefe
30 g Zucker
1 Ei (Größe M)
425 g Weizenmehl Type 550
30 g weiche Butter
5 g Salz

Für den Hauptteig 180 g Milch mit den übrigen Zutaten, außer Butter und Salz, mit einer Küchen-/Knetmaschine mit geringer Stufe 10 Minuten kneten. Dann die Butter und das Salz hinzufügen und den Teig mit höherer Stufe 5–8 Minuten auskneten. Nach Bedarf die übrige Milch mit einkneten.
Teiggewicht: ca. 940 g
Teigtemperatur nach dem Kneten: ca. 24–26 °C

AUSSERDEM
neutrales Pflanzenöl für die Schüssel
Mehl zum Arbeiten

Stockgare
Den Teig in einer leicht geölten Schüssel bei Raumtemperatur abgedeckt **1,5 Stunden** bis zur Verdopplung reifen lassen, dabei nach 45 Minuten dehnen und falten.

Formen und Stückgare
Den Teig auf der bemehlten Arbeitsfläche in zehn bis zwölf Teiglinge von etwa 80 g teilen und diese straff rund wirken. Die Teiglinge auf der bemehlten Arbeitsfläche abgedeckt bei Raumtemperatur etwa **50–60 Minuten** reifen lassen.

FÜR DEN SUD
ca. 200 g Wasser
4 EL Rapsöl oder Butterschmalz
2 Prisen Salz + mehr nach Belieben

Etwa 100 g Wasser, 2 EL Rapsöl und 1 Prise Salz oder mehr nach Belieben in einer beschichteten oder gusseisernen Pfanne (mindestens 26 cm Durchmesser) mit hohem Rand und gewölbtem Glasdeckel zu einem Sud aufkochen.

Garen
Fünf bis sechs Teiglinge mit einem Bratenwender in die Pfanne setzen und den Deckel schließen. Den Deckel ab jetzt keinesfalls mehr abheben!

Alles bei hoher Temperatur aufkochen lassen und anschließend bei geringer bis mittlerer Temperatur etwa **20 Minuten** sanft köcheln lassen, bis das Wasser vollständig verdampft ist. Ist das nicht der Fall, bei geringer Temperatur so lange weitergaren, bis die Flüssigkeit vollständig verdampft ist. Auch am Deckel der Pfanne sollte sich kaum noch Kondenswasser befinden. Außerdem sollten die Dampfnudeln knisternde Geräusche in der Pfanne machen, dabei bildet sich die goldbraune Salzkruste.

Sind die Dampfnudeln so fertig gegart, die Pfanne samt geschlossenem Deckel schräg anheben, damit das restliche Kondenswasser am Glasdeckel seitlich herunterperlt. Den Deckel danach sehr vorsichtig abnehmen, um ein Herabtropfen des Kondenswassers zu vermeiden. Die Dampfnudeln herausnehmen und im Backofen warm halten.

Die restlichen Teiglinge auf die gleicher Weise zubereiten und dann alle Dampfnudeln sofort servieren.

Für 4 kleine Waffeln | Weizenanstellgut, Roggenanstellgut, Lievito Madre

SCHNELLE SAUERTEIG-WAFFELN

Zu Waffeln gebackenes Sauerteiganstellgut fungiert hier als einfache und schnelle Resteverwertung für übriges Anstellgut. Die Waffeln können als Beilage zu Suppen oder Dips gereicht werden und statt im Waffeleisen auch in der Pfanne ausgebacken werden.

GESAMTZEIT	ZUBEREITUNGSZEIT
10–15 Minuten	*10–15 Minuten*

FÜR DAS GRUNDREZEPT

Butterschmalz oder Rapsöl zum Ausbacken
8 EL Sauerteiganstellgut
2 Prisen Salz

Ein Waffeleisen aufheizen und dünn mit Butterschmalz einfetten.

Entweder das Sauerteiganstellgut erst mit dem Salz vermischen, jeweils 2 EL der Mischung mittig in die Waffelfläche geben und zu Waffeln ausbacken.

Oder direkt jeweils 2 EL Sauerteiganstellgut mittig in die Waffelfläche geben, mit etwas Salz bestreuen und zu Waffeln ausbacken.

VARIATIONEN FÜR DEN GRUNDTEIG NACH BELIEBEN

1–2 TL Sojasauce (dann das Salz für den Grundteig weglassen)
1 TL weißer oder schwarzer Sesam
½ TL getrocknete Kräuter
1 TL gehackte frische Kräuter
4–8 TL geriebener Käse
2–3 TL Röstzwiebeln
1 Prise Brotgewürz

Das Sauerteiganstellgut vor dem Ausbacken nach Belieben mit einer der Zutaten oder einer Kombination daraus mischen.

TIPP

Grundsätzlich werden die Waffeln aus Weizenanstellgut etwas neutraler und milder. Aus Roggenanstellgut schmecken sie hingegen deutlich kräftiger und eher nach Brot. Ein Lievito-Madre-Anstellgut lässt sich nicht so einfach mit weiteren Zutaten mischen.

SAUER TEIG RESTE

Für 2 Stück | Weizenanstellgut

HOBAK BUCHIMGAE MIT SESAM-DIP-SAUCE

Diese koreanischen Zucchini-Pfannkuchen sind schnell und einfach zuzubereiten. Sie eignen sich als Beilage, Vorspeise oder auch als leichte vollständige Mahlzeit.

GESAMTZEIT	ZUBEREITUNGSZEIT	RUHEZEIT
30 Minuten	20 Minuten	10 Minuten

SESAM-DIP-SAUCE

1 Knoblauchzehe
2 EL Sojasauce (Tamari oder Shoyu)
1 EL Mirin (Reiswein; optional)
2 TL Reisessig
1 TL geröstetes Sesamöl
½ TL Zucker
¼ TL Gochugaru (koreanische rote Chiliflocken)

Den Knoblauch abziehen und fein hacken. Zusammen mit den übrigen Zutaten verrühren und die Dip-Sauce bis zum Servieren beiseitestellen.

FÜR DEN TEIG

250 g Weizenanstellgut
2 Eier (Größe M)
40 g Reismehl
1 EL geröstetes Sesamöl
1 TL Salz
1 große Zucchini (ca. 250 g)
2 Frühlingszwiebeln
1 grüne Chilischote (optional)

Für den Teig das Weizenanstellgut mit den Eiern gut verrühren. Danach das Reismehl, Sesamöl und Salz unterrühren. Den Teig abgedeckt **10 Minuten** quellen lassen.

Die Zucchini waschen, putzen und in feine Julienne (Streifen) schneiden; sollten sie sehr saftig sein, gut ausdrücken. Die Frühlingszwiebeln und optional die Chilischote waschen, putzen und in feine Ringe schneiden. Zucchini, Frühlingszwiebeln und Chili unter den fertig gequollenen Teig heben.

AUSSERDEM

Rapsöl zum Ausbacken

Das Rapsöl in einer Pfanne erhitzen. Den Teig darin in zwei Portionen von beiden Seiten goldbraun zu Pfannkuchen ausbacken. Dann die fertigen Zucchini-Pfannkuchen in mundgerechte Stücke schneiden und mit der Sesam-Dip-Sauce servieren.

TIPP

Statt 250 g Weizenanstellgut kann auch Lievito-Madre-Anstellgut verwendet werden. Dazu vor der Teigherstellung 190 g Lievito-Madre-Anstellgut und 60 g Wasser gründlich verrühren.

PIZZA, QUICHE & CO.

Für 1 Focaccia (tiefes Blech oder Ofenform, 35 × 25 cm) | Weizenanstellgut

FOCACCIA

Diese Focaccia ist ein luftiges, saftiges und sehr aromatisches Fladenbrot aus dem Ofen nach italienischer Art. *(Bild siehe Seite 60.)*

GESAMTZEIT	ZUBEREITUNGSZEIT	REIFEZEIT	ZEIT AM BACKTAG
22–27 Stunden	*45 Minuten*	*2–3 Stunden (Sauerteig) + 19–23 Stunden (Teig, gesamt)*	*1,5 Stunden*

FÜR DEN WEIZENSAUERTEIG

50 g Weizenanstellgut (es sollte sehr aktiv und die letzte Auffrischung maximal 12 Stunden her sein. Besser direkt vorher noch einmal auffrischen)
40 g warmes Wasser (40 °C)
50 g Weizenmehl Type 550

Das Weizenanstellgut mit dem warmen Wasser und dem Weizenmehl gründlich vermischen. Den Weizensauerteig bei 26–30 °C abgedeckt **2–3 Stunden** bis zur guten Verdopplung reifen lassen.

FÜR DEN AUTOLYSETEIG

350 g kühles Wasser
350 g Weizenmehl Type 550
150 g Manitobamehl Tipo 0 (alternativ Weizenmehl Type 550, dann 10–20 % Wasser weniger verwenden)

Alles kurz vermischen und abgedeckt bei Raumtemperatur **1 Stunde** ruhen lassen.

FÜR DEN HAUPTTEIG

reifer Weizensauerteig
Autolyseteig
12 g Salz
15 g Olivenöl
40 g kühles Wasser (nach Bedarf)

Für den Hauptteig den Weizensauerteig zum Autolyseteig geben und mit einer Küchen-/Knetmaschine mit geringer Stufe 10 Minuten kneten. Danach das Salz und Olivenöl hinzufügen und den Teig 3–5 Minuten mit höherer Stufe auskneten, dabei nach Bedarf noch bis zu 40 g Wasser mit einkneten.
Teiggewicht: ca. 1050 g
Teigtemperatur nach dem Kneten: ca. 24–26 °C

AM VORTAG

14.00 Uhr	15.00 Uhr	16.00 Uhr	17.20 Uhr	18.20 Uhr	19.20 Uhr
Weizensauerteig ansetzen	*Autolyseteig mischen*	*Hauptteig zubereiten*	*dehnen und falten*	*dehnen und falten*	*dehnen und falten*

AUSSERDEM

neutrales Pflanzenöl für die Schüssel/Teigwanne
Olivenöl zum Arbeiten
1 TL getrockneter Oregano oder 1 Zweig Rosmarin, Nadeln abgezupft
Fleur de Sel

Stockgare und Formen

Den Teig in einer leicht geölten Schüssel oder Teigwanne bei 25–27 °C abgedeckt insgesamt etwa **4 Stunden** bis zur Verdopplung reifen lassen, dabei viermal nach je 1, 2, 3 und 4 Stunden dehnen und falten. Direkt nach der vierten Faltung den Teig mit dem Teigschluss nach unten entweder auf ein großzügig mit Olivenöl geöltes Backblech mit Rand oder in eine geölte Ofenform (35 × 25 cm) geben.

Stückgare

Den Teig abgedeckt bei Raumtemperatur etwa **2 Stunden** anspringen lassen und danach im Kühlschrank bei 6–8 °C etwa **12–16 Stunden** reifen lassen (Temperatur nachmessen!). Anschließend bei Raumtemperatur **1 Stunde** akklimatisieren lassen.

Dann den Teig mit Oregano bestreuen und mit etwas Olivenöl beträufeln. Mit eingeölten Fingerspitzen Mulden in den Teig stippen, ohne dabei Luftblasen zu zerstören, und leicht in Richtung Rand der Backform auseinanderziehen. Zuletzt den Teigling mit Fleur de Sel bestreuen.

Backen

Den Backofen rechtzeitig vor dem Einschießen auf 230 °C Ober-/Unterhitze vorheizen.

Die Focaccia im unteren Drittel des Backofens bei 230 °C etwa **30 Minuten** backen. Danach auf einem Rost auskühlen lassen und servieren.

AM BACKTAG

20.20 Uhr
dehnen und falten + auf Backblech geben

22.20 Uhr
in den Kühlschrank geben

14.30 Uhr
aus dem Kühlschrank nehmen

15.00 Uhr
Backofen vorheizen

15.30 Uhr
belegen und backen

16.00 Uhr
aus dem Ofen nehmen

Focaccia (Seite 58)

Pinsa Romana (Seite 62)

SAUER TEIG RESTE

Für 4 Stück | Lievito Madre

PINSA ROMANA

Die römische Pinsa, eine Erfindung der Neuzeit, erinnert an Pizza oder Focaccia. Sie wird klassischerweise ohne Belag gebacken und kann anschließend nach Herzenslust belegt werden. *(Bild siehe Seite 61.)*

GESAMTZEIT	ZUBEREITUNGSZEIT	REIFEZEIT	ZEIT AM BACKTAG
54,5–78,5 Stunden	*50 Minuten*	*53–77 Stunden (Teig, gesamt)*	*4,5 Stunden*

FÜR DEN AUTOLYSETEIG

330 g kühles Wasser
250 g Weizenmehl Type 550
150 g Manitobamehl Tipo 0 (alternativ Weizenmehl Type 550, dann 10–20 % Wasser weniger verwenden)
50 g Weizenvollkornmehl

Alle Zutaten kurz, aber gründlich mischen und abgedeckt **1 Stunde** quellen lassen.

FÜR DEN HAUPTTEIG

1 g Frischhefe
30 g Lievito-Madre-Anstellgut
Autolyseteig
25 g Reismehl
25 g Kichererbsenmehl (alternativ Reismehl)
10 g Salz
10 g Olivenöl
30 g kühles Wasser (nach Bedarf)

Für den Hauptteig die Frischhefe und das Lievito-Madre-Anstellgut zum Autolyseteig geben und mit einer Küchen-/Knetmaschine mit geringer Stufe 1–2 Minuten kneten. Danach das Reismehl und Kichererbsenmehl hinzufügen und mit geringer Stufe 8 Minuten weiterkneten. Zuletzt das Salz und das Olivenöl zugeben und den Teig mit höherer Stufe 3–5 Minuten auskneten. Nach Bedarf noch bis zu 30 g Wasser einarbeiten.
Teiggewicht: ca. 900 g
Teigtemperatur nach dem Kneten: ca. 24–26 °C

TAG 1

14.00 Uhr – *Autolyseteig mischen*
15.00 Uhr – *Hauptteig zubereiten*
16.20 Uhr – *dehnen und falten + in den Kühlschrank geben*

TAG 4

14.00 Uhr – *aus dem Kühlschrank nehmen + rund wirken*
16.00 Uhr – *vorformen + Stückgare*
17.30 Uhr – *Backofen vorheizen*

AUSSERDEM

neutrales Pflanzenöl für die Schüssel/Teigwanne
Reismehl zum Arbeiten
Olivenöl zum Arbeiten

Stockgare
Den Teig in einer leicht geölten Schüssel oder Teigwanne abgedeckt bei Raumtemperatur **1 Stunde** anspringen lassen, danach dehnen und falten. Den Teig im Kühlschrank bei 4–5 °C **48–72 Stunden** reifen lassen.

Formen und Stückgare
Den kalten Teig in vier Teile mit je etwa 225 g teilen und locker rund wirken. Die Teile abgedeckt bei Raumtemperatur **2 Stunden** entspannen lassen.

Danach die Teiglinge auf reichlich Reismehl vorsichtig zu länglichen Fladen mit etwa 20 cm Länge ausziehen. Je zwei Fladen auf einen Bogen Backpapier oder Dauerbackfolie legen und abgedeckt **2 Stunden** ruhen lassen. Anschließend die Teiglinge mit etwas Olivenöl beträufeln und mit eingeölten Fingerspitzen einige Male einstippen und dabei auf etwa 25 cm Länge ausdehnen.

Backen
Den Backofen rechtzeitig vor dem Einschießen auf 250–280 °C Ober-/Unterhitze vorheizen (je heißer, desto besser).

Die ersten Teiglinge in den vorgeheizten Backofen einschießen und im zweiten Einschub von oben je nach Temperatur etwa **6–10 Minuten** mit Sichtkontakt backen. Mit den übrigen Teiglingen ebenso verfahren.

FÜR DEN BELAG

12 Kirschtomaten
1 Handvoll Rucola
8 EL Pesto verde oder Pesto rosso
4 EL schwarze Oliven
Salz
frisch gemahlener schwarzer Pfeffer
Olivenöl zum Beträufeln
frische Basilikumblättchen zum Bestreuen
Burrata, Mozzarella, gehobelter Parmesa oder Parmaschinken nach Belieben

Die Tomaten waschen und halbieren. Den Rucola waschen und trockentupfen. Die fertig gebackene Pinsa mit dem Pesto bestreichen, dabei ringsum einen Rand von etwa 2 cm frei lassen. Mit dem Rucola, den Kirschtomaten und Oliven belegen. Anschließend mit etwas Salz und Pfeffer würzen und mit ein wenig Olivenöl beträufeln. Danach mit einigen Blättchen Basilikum bestreuen. Nach Belieben mit Burrata, Mozzarella, gehobeltem Parmesan bestreuen oder mit Parmaschinken belegen. Die Pinsa warm servieren.

TIPP

Das Rezept kann auch sehr gut mit einem Pizzamehl Tipo 0 gebacken werden, das für eine lange Teigreife geeignet ist.

18.00 Uhr *ausziehen + backen*

18.10 Uhr *aus dem Ofen nehmen + belegen*

ITALIENISCHE PIZZA

Ein Rezept für eine aromatische Pizza mit dünnem Boden und luftigem Rand, wie vom Italiener um die Ecke. (Bild siehe Seite 66.)

GESAMTZEIT	ZUBEREITUNGSZEIT	REIFEZEIT	ZEIT AM BACKTAG
41–79 Stunden	*40 Minuten*	*2–4 Stunden (Sauerteig) + 38–74 Stunden (Teig, gesamt)*	*1,5 Stunden*

FÜR DEN LIEVITO MADRE

40 g Lievito-Madre-Anstellgut (es sollte sehr aktiv und die letzte Auffrischung maximal 12 Stunden her sein; besser vorher noch einmal auffrischen)
20 g warmes Wasser (40 °C)
40 g Weizenmehl Type 550

Das Lievito-Madre-Anstellgut und mit dem Wasser schaumig aufschlagen. Danach mit dem Mehl verkneten. Den Lievito Madre bei 26–30 °C abgedeckt **2–4 Stunden** bis zur guten Verdopplung reifen lassen.

FÜR DEN AUTOLYSETEIG

600 g Pizzamehl Tipo 00 (alternativ Weizenmehl Type 550)
380–400 g Wasser (je nach Wasseraufnahme des Mehls)

Alle Zutaten kurz, aber gründlich mischen und abgedeckt **20–30 Minuten** quellen lassen.

FÜR DEN HAUPTTEIG

reifer Lievito Madre
Autolyseteig
12 g Salz

Für den Hauptteig den reifen Lievito Madre zum Autolyseteig geben. Mit einer Küchen-/Knetmaschine mit geringer Stufe 8–10 Minuten kneten. Dann das Salz hinzufügen und den Teig mit höherer Stufe 4–8 Minuten auskneten.
Teiggewicht: ca. 1100 g
Teigtemperatur nach dem Kneten: ca. 24–26 °C

TAG 1
16.00 Uhr – *Lievito Madre ansetzen*
17.30 Uhr – *Autolyseteig mischen*
18.00 Uhr – *Hauptteig zubereiten*
18.50 Uhr – *dehnen und falten*
19.20 Uhr – *rund wirken + in den Kühlschrank geben*

TAG 3
16.30 Uhr – *aus dem Kühlschrank nehmen*

AUSSERDEM

neutrales Pflanzenöl für die Schüssel/Teigwanne
(Hartweizen-)Mehl zum Arbeiten

Stockgare und Ballengare

Den Teig abgedeckt in einer leicht geölten Schüssel oder Teigwanne bei Raumtemperatur **1 Stunde** anspringen lassen, dabei nach 30 Minuten dehnen und falten.

Anschließend den Teig auf der leicht bemehlten Arbeitsfläche in vier Teile mit je etwa 275 g teilen und diese jeweils rund wirken. Die Teiglinge in eine geölte Teigwanne geben oder jeden Teigling in eine runde und leicht eingeölte Schüssel setzen. Die Teiglinge abgedeckt im Kühlschrank bei etwa 5–6 °C insgesamt **36–72 Stunden** reifen lassen. (Bei einer sehr langen Reifezeit die Ballen erst später rund wirken, zum Beispiel nach 24 oder 36 Stunden. Den Teig dazu kurz aus dem Kühlschrank nehmen, formen und wieder kalt stellen.) Danach mindestens **1 Stunde** akklimatisieren lassen.

Formen

Die Teigballen aus der Teigwanne oder Schüssel nehmen und auf die gut mit Hartweizenmehl bemehlte Arbeitsfläche geben. Vorsichtig ringsherum mit den Fingerspitzen einen Rand abdrücken. Anschließend die Teigballen behutsam von innen nach außen etwas auseinanderziehen und -dehnen (keinesfalls ausrollen!). Falls sich der Teig dabei immer wieder zurückzieht, zwischendurch abgedeckt **10–15 Minuten** entspannen lassen.

FÜR DEN BELAG

400 g Tomaten aus der Dose (möglichst San Marzano)
2 Prisen Salz
400 g Mozzarella oder Fior di Latte
Oliven, Salami oder weitere Belagzutaten nach Belieben

Die Tomaten aus der Dose etwas abtropfen lassen, danach zerdrücken und mit dem Salz mischen. Sparsam auf den ausgezogenen Teiglingen verteilen. Den Mozzarella in Scheiben schneiden und darauf verteilen. Nach Belieben mit Oliven, Salami oder weiteren Zutaten belegen.

Backen

Den Backofen rechtzeitig vor dem Einschießen so heiß wie möglich vorheizen, möglichst auf 280–300 °C Ober-/Unterhitze (je heißer, desto besser).

Jeweils einen Teigling einzeln einschießen und im zweiten Einschub von oben je nach Temperatur etwa **4–10 Minuten** mit Sichtkontakt backen (jede Pizza einzeln backen).

TIPP

Für die Zubereitung mit zusätzlicher Hefe nur 60 g aufgefrischten Lievito Madre und zusätzlich 1–2 g Frischhefe an den Hauptteig geben. Den Teig dann eher im Kühlschrank bei 3–5 °C reifen lassen.

17.00 Uhr *Backofen vorheizen* — *17.30 Uhr* *formen* — *17.40 Uhr* *belegen + backen* — *18.50 Uhr* *aus dem Ofen nehmen*

Italienische Pizza (Seite 64)

Crispy Pan Pizza (Seite 68)

Für 1 Stück (etwa 2 Personen) | Weizenanstellgut

CRISPY PAN PIZZA

Pizza einmal anders: eine knusprige Variante mit dickem, fluffigem Teigboden aus der Pfanne nach amerikanischer Art. (Bild siehe Seite 67.)

GESAMTZEIT	ZUBEREITUNGSZEIT	REIFEZEIT	ZEIT AM BACKTAG
33,5–59,5 Stunden	*50 Minuten*	*4–6 Stunden (Sauerteig) + 28–52 Stunden (Teig, gesamt)*	*3,5 Stunden*

FÜR DEN SAUERTEIG

10 g Weizenanstellgut
20 g warmes Wasser (40 °C)
20 g Weizenmehl Type 550

Das Weizenanstellgut mit dem warmen Wasser und dem Weizenmehl gründlich vermischen. Bei 26–30 °C abgedeckt **4–6 Stunden** bis zur guten Verdoppelung reifen lassen.

FÜR DEN FERMENTOLYSETEIG

150 g Wasser
reifer Sauerteig
230 g Weizenmehl Type 550

Das Wasser, den Sauerteig und das Weizenmehl kurz vermischen. Den Fermentolyseteig **20–30 Minuten** ruhen lassen.

FÜR DEN HAUPTTEIG

1 g Frischhefe
Fermentolyseteig
5 g Salz
10 g Olivenöl

Für den Hauptteig die Frischhefe zum Fermentolyseteig geben und mit einer Küchen-/Knetmaschine mit geringer Stufe 10 Minuten kneten. Danach das Salz und das Olivenöl hinzufügen und den Teig mit höherer Stufe 3–5 Minuten auskneten.
Teiggewicht: ca. 445 g
Teigtemperatur nach dem Kneten: ca. 24–26 °C

TAG 1
14.00 Uhr *Sauerteig ansetzen*
19.00 Uhr *Fermentolyseteig mischen*
19.30 Uhr *Hauptteig zubereiten*
21.00 Uhr *dehnen und falten + in den Kühlschrank geben*

TAG 3
15.00 Uhr *aus dem Kühlschrank nehmen + formen und Stückgare*

AUSSERDEM

neutrales Pflanzenöl für die Schüssel/Teigwanne
15 g Olivenöl

Stockgare

Den Teig in einer leicht geölten Schüssel oder Teigwanne abgedeckt bei Raumtemperatur etwa **1 Stunde** anspringen lassen. Danach dehnen und falten und im Kühlschrank bei 5–6 °C **24–48 Stunden** reifen lassen.

Formen und Stückgare

Am Backtag das Olivenöl in eine ofenfeste möglichst gusseiserne Pfanne (26 cm Durchmesser, am Boden etwa 23 cm Durchmesser) geben und den Pfannenboden und -rand damit gründlich einfetten. Den Teig vorsichtig aus der Schüssel oder Teigwanne in die Pfanne stürzen und behutsam einmal wenden, sodass der gesamte Teig mit Olivenöl benetzt ist. Mit den Fingerspitzen vorsichtig in den Teig stippen und diesen bis zum Rand ausdehnen. Den Teig abgedeckt bei Raumtemperatur etwa **3 Stunden** reifen lassen.

FÜR DEN BELAG

90 g geriebener Gouda
150 g Tomatensauce
90 g geriebener Mozzarella
8 Scheiben Salami
frische Basilikumblättchen zum Bestreuen

Nach der Teigreifezeit den Gouda auf dem gesamten Teig bis zum Rand hin verteilen. Die Tomatensauce auf dem Gouda verstreichen und ringsum einen Rand von etwa 2 cm frei lassen. Zuletzt den Mozzarella darüberstreuen und mit der Salami belegen.

Backen

Den Backofen rechtzeitig vor dem Einschießen auf 230 °C Ober-/Unterhitze vorheizen.

Die Pizza im unteren Drittel des Backofens bei 230 °C **25–30 Minuten** backen. Anschließend zügig aus der Pfanne nehmen, damit die Pizza knusprig bleibt, und mit frischem Basilikum bestreut servieren.

17.30 Uhr
Backofen vorheizen

18.00 Uhr
belegen und backen

18.30 Uhr
aus dem Ofen nehmen

Für 4 Stück | Lievito Madre

KIYMALI PIDE

Pide – gefüllte Fladenbrotschiffchen – hier in einer vegetarischen Version mit Spinat und Weißkäse nach türkischer Art. (Bild siehe Seite 72.)

GESAMTZEIT	ZUBEREITUNGSZEIT	REIFEZEIT	BACKZEIT
6,5–9 Stunden	*1 Stunde*	*2–4 Stunden (Sauerteig) + 3,5–4 Stunden (Teig, gesamt)*	*15–20 Minuten*

FÜR DEN LIEVITO MADRE

60 g Lievito-Madre-Anstellgut
30 g warmes Wasser (40 °C)
60 g Weizenmehl Type 550

Das Lievito-Madre-Anstellgut mit dem Wasser schaumig aufschlagen. Danach gründlich mit dem Mehl verkneten. Den Lievito Madre bei 26–30 °C abgedeckt **2–4 Stunden** bis zur guten Verdopplung reifen lassen.

FÜR DEN TEIG

3 g Frischhefe (optional)
5 g flüssiger Blütenhonig
150 g kühles Wasser
60 g Vollmilchjoghurt
reifer Lievito Madre
300 g Weizenmehl Type 550
10 g Salz
20 g Olivenöl

Für den Teig die Frischhefe und den Blütenhonig in dem Wasser auflösen. Danach den Vollmilchjoghurt, Lievito Madre und das Weizenmehl zugeben und mit einer Küchen-/Knetmaschine mit langsamer Geschwindigkeit 8–10 Minuten kneten. Das Salz und Olivenöl hinzufügen und den Teig mit höherer Geschwindigkeit 3–5 Minuten auskneten.
Teiggewicht: ca. 700 g
Teigtemperatur nach dem Kneten: ca. 24–26 °C

AUSSERDEM

neutrales Pflanzenöl für die Schüssel
Mehl zum Arbeiten

Stockgare
Den Teig in einer leicht geölten Schüssel bei Raumtemperatur abgedeckt **2,5–3 Stunden** bis zur Verdopplung reifen lassen, dabei jeweils nach 1 Stunde und nach 2 Stunden dehnen und falten.

AM BACKTAG

11.00 Uhr	13.00 Uhr	14.20 Uhr	15.20 Uhr	16.20 Uhr
Lievito Madre ansetzen	*Hauptteig zubereiten*	*dehnen und falten*	*dehnen und falten + Füllung zubereiten*	*formen + füllen*

FÜR DIE FÜLLUNG

- 450 g tiefgekühlter Blattspinat, aufgetaut
- 1 weiße Zwiebel
- 1 Knoblauchzehe
- 10 g Olivenöl
- 1 TL frisch gepresster Zitronensaft
- ¼ TL Salz
- 2 Prisen frisch gemahlener schwarzer Pfeffer
- 1 Prise geriebene Muskatnuss
- 250 g Beyaz peynir (türkischer Weißkäse) oder Feta

Während der Stockgare die Füllung vorbereiten. Dazu den Blattspinat abtropfen lassen und leicht ausdrücken. Die Zwiebel und den Knoblauch abziehen. Die Zwiebel fein würfeln und den Knoblauch fein hacken.

Das Olivenöl in einer Pfanne erhitzen und die Zwiebelwürfel und den gehackten Knoblauch darin goldgelb anschwitzen. Danach den Spinat zugeben und bei mittlerer Temperatur etwa 5 Minuten mit anschwitzen. Zuletzt mit Zitronensaft, Salz, Pfeffer und Muskatnuss würzen. Die Masse bis zum Füllen des Teiges beiseitestellen und dabei abkühlen lassen.

Formen und Füllen

Den Teig in vier Teile von etwa 175 g abstechen. Die Teile auf der leicht bemehlten Arbeitsfläche locker rund wirken und abgedeckt **15 Minuten** entspannen lassen. Anschließend vorsichtig zu länglichen Fladen mit einer Größe von etwa 30 × 15 cm ausrollen.

Den Weißkäse mit einer Gabel zerdrücken und mit der Spinatmasse vermischen. Die Füllung auf dem ausgerollten Teig verteilen und dabei ringsum einen Rand von etwa 2 cm frei lassen. Die Teigränder nach innen umklappen, die Enden gut festdrücken und einmal verdrehen. Die Pide auf ein mit Backpapier ausgelegtes Blech legen.

FÜR DIE EISTREICHE UND DAS TOPPING

- 1 Ei
- 10 g Vollmilch
- 1 Prise Salz
- 1 Prise Zucker
- weißer Sesam zum Bestreuen
- Schwarzkümmelsamen oder schwarzer Sesam zum Bestreuen

Für die Eistreiche das Ei mit der Vollmilch, dem Salz und Zucker verquirlen und die Teigränder damit einstreichen.

Stückgare

Die Pide locker abgedeckt bei Raumtemperatur für etwa **1 Stunde** zur Stückgare stellen. Danach erneut mit der Eistreiche einstreichen und als Topping mit Sesam und Schwarzkümmel bestreuen.

Backen

Den Backofen rechtzeitig vor dem Einschießen auf 220 °C Ober-/Unterhitze vorheizen.

Die Pide im unteren Drittel des Backofens bei 220 °C Ober-/Unterhitze etwa **15–20 Minuten** backen. Dann noch warm servieren.

16.50 Uhr *Stückgare* | 17.30 Uhr *Backofen vorheizen* | 17.50 Uhr *backen* | 18.10 Uhr *aus dem Ofen nehmen*

Kiymali Pide (Seite 70)

Bier-Rahmfladen nach Elsässer Art (Seite 74)

BIER-RAHMFLADEN NACH ELSÄSSER ART

Diese rustikalen und aromatischen Brotfladen mit herzhaftem Belag werden mit langer kalter Teigführung zubereitet. *(Bild siehe Seite 73.)*

GESAMTZEIT	ZUBEREITUNGSZEIT	REIFEZEIT	ZEIT AM BACKTAG
42,5–56,5 Stunden	50 Minuten	2–4 Stunden (Sauerteig) + 40–52 Stunden (Teig, gesamt)	2,5 Stunden

FÜR DEN LIEVITO MADRE

40 g Lievito-Madre-Anstellgut
20 g warmes Wasser (40 °C)
40 g Weizenmehl Type 550

Das Lievito-Madre-Anstellgut mit dem Wasser schaumig aufschlagen. Danach mit dem Mehl verkneten und bei 26–30 °C abgedeckt **2–4 Stunden** bis zur guten Verdopplung reifen lassen.

FÜR DEN AUTOLYSETEIG

200 g alkoholfreies Hefeweißbier
120 g kühles Wasser
300 g Weizenmehl Type 550
140 g Weizenmehl Type 1050

Die Zutaten kurz, aber gründlich mischen und abgedeckt **30–40 Minuten** quellen lassen.

FÜR DEN HAUPTTEIG

reifer Lievito Madre
5 g Rübensirup
0,5 g Frischhefe (optional)
Autolyseteig
10 g Salz

Für den Hauptteig den reifen Lievito Madre, Rübensirup und optional die Frischhefe zum Autolyseteig geben. Die Mischung mit einer Küchen-/Knetmaschine mit geringer Stufe 8–10 Minuten kneten. Dann das Salz hinzufügen und den Teig mit höherer Stufe 3–5 Minuten auskneten.
Teiggewicht: ca. 870 g
Teigtemperatur nach dem Kneten: ca. 24–26 °C

TAG 1

16.00 Uhr	17.30 Uhr	18.00 Uhr	19.20 Uhr	20.20 Uhr	20.30 Uhr
Lievito Madre ansetzen	Autolyseteig mischen	Hauptteig zubereiten	dehnen und falten	rund wirken	in den Kühlschrank geben

AUSSERDEM

neutrales Pflanzenöl für die Schüssel/Teigwanne
Mehl zum Arbeiten

Stockgare und Ballengare

Den Teig in einer leicht geölten Schüssel oder Teigwanne abgedeckt bei Raumtemperatur **2 Stunden** reifen lassen, dabei nach 1 Stunde dehnen und falten.

Anschließend den Teig auf der leicht bemehlten Arbeitsfläche in vier Teile mit je etwa 215–220 g teilen und diese jeweils rund wirken. Die Teiglinge in eine geölte Teigwanne geben oder jeden Teigling in eine runde und leicht eingeölte Schüssel setzen. Abgedeckt im Kühlschrank bei 6–8 °C **36–48 Stunden** reifen lassen.

Formen und Stückgare

Die Teiglinge auf der leicht bemehlten Arbeitsfläche vorsichtig zu länglichen Fladen vorformen und jeweils zwei Teigfladen auf einen Bogen Backpapier oder Dauerbackfolie legen. Die Teigfladen abgedeckt bei Raumtemperatur **2 Stunden** ruhen lassen. Danach vorsichtig zu länglichen Fladen von 20–25 cm Länge ausziehen.

FÜR DEN BELAG

200 g Schmand
½ TL Salz
2 Prisen frisch gemahlener schwarzer Pfeffer
1 Prise geriebene Muskatnuss
2 Frühlingszwiebeln
200 g durchwachsener Räucherspeck, gewürfelt
Schnittlauchröllchen zum Servieren (optional)

Den Schmand mit dem Salz, Pfeffer und der Muskatnuss mischen. Die Frühlingszwiebeln waschen, putzen und in feine Ringe schneiden. Die Schmandmasse auf die Teigfladen streichen, dabei einen Rand von etwa 2 cm frei lassen. Anschließend den Räucherspeck und danach die Frühlingszwiebeln über dem Schmand verteilen.

Backen

Den Backofen rechtzeitig vor dem Einschießen auf 250–280 °C Ober-/Unterhitze vorheizen (je heißer, desto besser).

Die belegten Fladen einschießen und im zweiten Einschub von oben je nach Temperatur etwa **6–10 Minuten** mit Sichtkontakt backen. Anschließend sofort – nach Belieben mit Schnittlauch bestreut – servieren.

TAG 3

16.30 Uhr *vorformen + Stückgare*
18.00 Uhr *Backofen vorheizen*
18.30 Uhr *belegen + backen*
18.40 Uhr *aus dem Ofen nehmen*

Für 2 große Tartes | Weizenanstellgut

SAUER TEIG RESTE

TARTE FLAMBÉE

Diesen knusprigen Flammkuchen mit dünnem Boden toppt ein wunderbar fruchtig-würziger Belag.

GESAMTZEIT	ZUBEREITUNGSZEIT	RUHEZEIT	BACKZEIT
1–1,5 Stunden	*20 Minuten*	*30–60 Minuten*	*10–15 Minuten*

FÜR DEN TEIG

- 120 g Weizenanstellgut
- 90 g kühles Wasser
- 240 g Weizenmehl Type 550 + mehr zum Arbeiten
- 20 g Rapsöl oder Olivenöl
- 5 g Salz

Alle Zutaten zu einem glatten Teig verkneten. Diesen halbieren und die Teighälften jeweils rund wirken. Abgedeckt bei Raumtemperatur **30–60 Minuten** ruhen lassen. Den Backofen auf 280–300 °C (so heiß wie möglich) Ober-/Unterhitze vorheizen.

Den Teig nach der Ruhezeit auf der leicht bemehlten Arbeitsfläche dünn ausrollen und auf Backpapier legen. Sollte sich der Teig beim Ausrollen immer wieder etwas zusammenziehen, **10–15 Minuten** ruhen lassen.

FÜR DEN BELAG

- 200 g Schmand oder Crème fraîche
- ¼ TL Salz
- 2 Prisen frisch gemahlener schwarzer Pfeffer
- 1 Prise geriebene Muskatnuss
- 200 g Ziegenweichkäse (Rolle)
- 4 frische Feigen
- 50 g Walnusskerne
- 2 Zweige Thymian, Blättchen abgezupft
- 2 TL flüssiger Blütenhonig

Den Schmand mit dem Salz, Pfeffer und Muskat verrühren. Die Masse auf den Teig streichen, dabei einen Rand von 1–2 cm frei lassen. Den Ziegenweichkäse und die Feigen in dünne Scheiben schneiden und auf dem Schmand verteilen. Die Walnüsse grob hacken und mit dem Thymian darüberstreuen.

Backen

Die Tarte im unteren Drittel des vorgeheizten Backofens etwa **10–15 Minuten** backen (je nach Ofen und Temperatur kann die Backzeit variieren). Der Teigboden sollte zum Schluss knusprig sein. Anschließend die Tarte mit dem Honig beträufeln und sofort servieren.

TIPP

Statt 120 g Weizenanstellgut kann auch Lievito-Madre-Anstellgut verwendet werden. Dazu 90 g Lievito-Madre-Anstellgut und 30 g Wasser an den Teig geben.

Für 1 Zwiebelkuchen (Springform, Ø 26 cm) | Roggenanstellgut

ZWIEBELKUCHEN

Der würzig-herzhafte Kuchen mit reichlich Zwiebeln und Speck wird insbesondere in der Weinregion gern zu einem Glas Federweißer oder Weißwein serviert.

GESAMTZEIT	ZUBEREITUNGSZEIT	REIFEZEIT	BACKZEIT
5,5–8 Stunden	*1 Stunde*	*2–4 Stunden*	*35 Minuten*

FÜR DEN ROGGENSAUERTEIG

35 g Roggenanstellgut
35 g warmes Wasser (40 °C)
35 g Roggenvollkornmehl

Das Roggenanstellgut, Wasser und Roggenvollkornmehl gründlich mischen. Den Roggensauerteig bei 26–28 °C abgedeckt **2–4 Stunden** bis zur guten Verdopplung reifen lassen.

FÜR DEN HAUPTTEIG

2 g Frischhefe
100–120 g kalte Vollmilch
reifer Roggensauerteig
200 g Weizenmehl Type 550
5 g Salz
10 g Schweineschmalz oder Butter

Für den Hauptteig die Frischhefe in der Vollmilch auflösen. Anschließend mit dem reifen Roggensauerteig und dem Weizenmehl mit einer Küchen-/Knetmaschine mit langsamer Geschwindigkeit 8–10 Minuten kneten. Dann das Salz und das Schweineschmalz hinzufügen und den Teig mit höherer Geschwindigkeit 3–5 Minuten auskneten.
Teiggewicht: ca. 430 g
Teigtemperatur nach dem Kneten: ca. 24–26 °C

AUSSERDEM

neutrales Pflanzenöl für die Schüssel + für die Form
Mehl zum Arbeiten

Stockgare
Den Teig in einer leicht geölten Schüssel bei Raumtemperatur abgedeckt **2–2,5 Stunden** bis zur Verdopplung reifen lassen.

Formen und Stückgare
Den Boden einer Springform mit Backpapier auslegen und den Rand leicht einfetten. Den reifen Teig in der Springform verteilen und dabei einen Rand von etwa 3 cm hochziehen. Der Teig kann dazu auf der leicht bemehlten Arbeitsfläche vorsichtig ausgerollt oder mit den Händen in der Form verteilt und festgedrückt werden. Den Teig abgedeckt bei Raumtemperatur **1 Stunde** reifen lassen.

Den Backofen rechtzeitig vor dem Einschießen auf 180 °C Ober-/Unterhitze vorheizen.

FÜR DEN BELAG

250 g rote Zwiebeln
250 g weiße Zwiebeln
100 g durchwachsener Räucherspeck, gewürfelt
30 g Butter
80 g süße Sahne
2 Eier (Größe M)
40 g Roggenanstellgut
½ TL Salz
½ TL Kümmelsamen (optional)
2 Prisen frisch gemahlener schwarzer Pfeffer
1 Prise geriebene Muskatnuss

Die roten und weißen Zwiebeln abziehen, in feine Ringe schneiden und beiseitestellen. Eine Pfanne erhitzen und den Räucherspeck darin auslassen. Die Butter und Zwiebelringe zugeben und die Ringe goldgelb anschwitzen. Danach alles einige Minuten abkühlen lassen.

Sahne, Eier, Roggenanstellgut und Salz sowie Kümmel, Pfeffer und geriebene Muskatnuss gründlich verrühren. Anschließend die Mischung unter die Zwiebel-Räucherspeck-Masse mischen. Zuletzt den Belag auf dem fertig gereiften Teigboden verteilen.

Backen

Den Zwiebelkuchen im unteren Drittel des vorgeheizten Backofens bei 180 °C Ober-/Unterhitze etwa **35 Minuten** backen. Danach warm servieren.

SAUER TEIG RESTE

Für 1 Tarte (Tarte-/Springform, Ø 26 cm) | Lievito Madre

LACHS-SPINAT-TARTE

Eine Tarte auf herzhafte Art: mit Mürbeteigboden und einer cremigen Füllung mit Räucherlachs und Blattspinat.

GESAMTZEIT	ZUBEREITUNGSZEIT	RUHEZEIT	BACKZEIT
1,5 Stunden	*20 Minuten*	*30 Minuten*	*15 + 35–40 Minuten*

FÜR DEN TEIG

- 160 g Weizenmehl Type 405
- 90 g Lievito-Madre-Anstellgut
- 120 g kalte Butter
- 1 Eigelb
- ½ TL Salz
- frisch gemahlener schwarzer Pfeffer

AUSSERDEM

- Mehl zum Arbeiten
- Backperlen aus Keramik oder getrocknete Hülsenfrüchte zum Blindbacken

Für den Teig alle Zutaten zügig mit den Händen oder kurz in einem Mixer zu einem krümeligen Teig vermischen. Für mindestens **30 Minuten** im Kühlschrank kalt stellen. Den Backofen auf 180 °C Ober-/Unterhitze vorheizen.

Den Teig nach der Ruhezeit auf der leicht bemehlten Arbeitsfläche ausrollen. Eine Tarteform oder Springform mit dem Teig auskleiden und dabei einen Rand von etwa 4 cm hochziehen. Den Teigboden mit einer Gabel einstechen. Zum Blindbacken den Boden mit Backpapier auslegen und bis zum Rand mit Backperlen füllen. Den Teig im mittleren Einschub des Backofens bei 180 °C Ober-/Unterhitze etwa **15 Minuten** backen. Danach etwas abkühlen lassen. Die Backperlen entfernen.

FÜR DIE FÜLLUNG

- 1 Schalotte
- 20 g Butter
- 300 g frischer Blattspinat
- 200 g Räucherlachs
- 250 g Crème fraîche
- 2 Eier (Größe M)
- 1 Eiweiß
- 1 Knoblauchzehe
- ½ TL Salz
- 2 Prisen frisch gemahlener schwarzer Pfeffer
- etwas Abrieb einer unbehandelten Zitrone
- 1 Prise geriebene Muskatnuss
- 1 EL gehackte glatte Petersilie

Die Schalotte abziehen und fein würfeln. Die Butter in einer Pfanne schmelzen und die Schalottenwürfel darin anschwitzen. Den Spinat waschen, verlesen, trockentupfen, zugeben und mit anschwitzen, bis er zusammenfällt. Die Spinatmasse und den Räucherlachs gleichmäßig auf dem vorgebackenen Tarteboden verteilen.

Crème fraîche, Eier und Eiweiß gründlich verrühren. Den Knoblauch abziehen und durchpressen. Mit dem Salz, Pfeffer und der Zitronenschale, Muskatnuss und Petersilie unterrühren. Die Mischung vorsichtig über den Spinat und Räucherlachs gießen.

Backen
Die Tarte im unteren Drittel des vorgeheizten Backofens etwa **35–40 Minuten** bei 180 °C Ober-/Unterhitze backen, bis die Eiermasse gestockt ist. Dann die Tarte warm servieren.

Für 1 Quiche (Tarte-/Springform, Ø 26 cm) | Weizenanstellgut

QUICHE LORRAINE

Dieser herzhafte Kuchen besteht aus einem Mürbeteigboden sowie einer cremigen Füllung mit Räucherspeck und würzigem Käse.

GESAMTZEIT	ZUBEREITUNGSZEIT	RUHEZEIT	BACKZEIT
1,5 Stunden	20 Minuten	30 Minuten	15 + 40–50 Minuten

FÜR DEN TEIG

200 g Weizenmehl Type 405
100 g Weizenanstellgut
125 g kalte Butter
1 Eigelb
½ TL Salz
¼ TL frisch gemahlener schwarzer Pfeffer

AUSSERDEM

Mehl zum Arbeiten
Backperlen aus Keramik oder getrocknete Hülsenfrüchte zum Blindbacken

Für den Teig alle Zutaten zügig mit den Händen oder kurz in einem Mixer zu einem krümeligen Teig vermischen. Für mindestens **30 Minuten** im Kühlschrank kalt stellen. Den Backofen auf 180 °C Ober-/Unterhitze vorheizen.

Den Teig nach der Ruhezeit auf der leicht bemehlten Arbeitsfläche ausrollen. Eine Tarteform oder Springform mit dem Teig auskleiden und dabei einen Rand von etwa 4 cm hochziehen. Den Teigboden mit einer Gabel einstechen. Zum Blindbacken den Boden mit Backpapier auslegen und bis zum Rand mit Backperlen füllen. Den Teig im unteren Drittel des vorgeheizten Backofens bei 180 °C Ober-/Unterhitze etwa **15 Minuten** backen. Danach etwas abkühlen lassen. Die Backperlen entfernen.

FÜR DIE FÜLLUNG

200 g durchwachsener Räucherspeck, gewürfelt
100 g Gruyère
200 g Vollmilch
200 g Crème fraîche
4 Eier (Größe M)
1 Eiweiß
¼ TL Salz
¼ TL frisch gemahlener schwarzer Pfeffer
1 Prise geriebene Muskatnuss

Den Räucherspeck in einer Pfanne ohne Fett auslassen. Anschließend gleichmäßig auf dem vorgebackenen Quicheboden verteilen. Den Gruyère reiben und ebenfalls darüber verteilen.

Die Vollmilch, Crème fraîche, Eier und das Eiweiß gründlich verrühren. Das Salz, den Pfeffer und die Muskatnuss unterrühren. Die Mischung vorsichtig über den Räucherspeck und Käse gießen.

Backen
Die Quiche im unteren Drittel des vorgeheizten Backofens bei 180 °C Ober-/Unterhitze etwa **40–50 Minuten** backen, bis die Eiermasse gestockt ist. Dann die Quiche warm oder kalt servieren.

TIPP
Nach Belieben kann 50 g der Milch für die Füllung durch trockenen Weißwein ersetzt werden.

Für 1 Galette | Lievito Madre

MEDITERRANE TOMATEN-GALETTE

Dieser tarteähnliche, herzhafte Kuchen wird ohne Form gebacken. Die Füllung besteht aus cremigem Kräuterfrischkäse sowie fruchtig-aromatischen Tomaten und würzigem Feta.

GESAMTZEIT	ZUBEREITUNGSZEIT	RUHEZEIT	BACKZEIT
80 Minuten	*20 Minuten*	*30 Minuten*	*30 Minuten*

FÜR DEN TEIG

- 150 g Lievito-Madre-Anstellgut
- 50 g Olivenöl
- 1 Ei (Größe M)
- 120 g Weizenmehl Type 550
- ½ TL Salz
- ½ TL gerebelter getrockneter Oregano

Für den Teig alle Zutaten zügig zu einem kompakten und glatten Teig verkneten. Für mindestens **30 Minuten** im Kühlschrank kalt stellen. Den Backofen auf 200 °C Heißluft/Umluft vorheizen.

Nach dem Kaltstellen den Teig zwischen zwei Bögen Backpapier rund auf etwa 30 cm Durchmesser ausrollen.

FÜR DIE FÜLLUNG

- 100 g Kräuterfrischkäse (Doppelrahmstufe)
- 600 g Kirschtomaten
- 2 Prisen Salz
- 2 Prisen frisch gemahlener schwarzer Pfeffer
- 100 g Feta
- 30 g Pinienkerne
- ½ TL getrockneter Oregano

Den Frischkäse auf den Teig streichen, dabei einen Rand von etwa 2 cm frei lassen. Die Kirschtomaten waschen, halbieren und mit der Schnittseite nach oben auf den Frischkäse legen. Mit dem Salz und Pfeffer würzen, danach den Feta darüber zerbröseln. Zuletzt die Pinienkerne und den Oregano darüber verteilen.

AUSSERDEM

- Olivenöl zum Bestreichen
- frische Basilikumblättchen zum Bestreuen

Den unbelegten Teigrand ringsum ein Stück über die Füllung einschlagen. Anschließend dünn mit Olivenöl bestreichen.

Backen

Die Galette im unteren Drittel des vorgeheizten Backofens bei 200 °C Heißluft/Umluft in etwa **30 Minuten** goldbraun backen. Danach etwa **10 Minuten** ruhen lassen und mit Basilikum bestreut servieren.

BROT & BRÖTCHEN

Für 1 Laib (1-kg-Gärkörbchen) | Roggenanstellgut, Weizenanstellgut, Lievito Madre

SAUER TEIG RESTE

AUFFRISCHBROT FÜR SAUERTEIGRESTE

Ein Grundrezept für ein Mischbrot zur Verwertung von Sauerteigresten aus dem Kühlschrank: ergibt ein gleichermaßen einfaches und aromatisches Alltagsbrot! (Bild siehe Seite 90.)

GESAMTZEIT	ZUBEREITUNGSZEIT	REIFEZEIT	ZEIT AM BACKTAG
6,5–7,5 Stunden	*40 Minuten*	*4,5–5,5 Stunden (Teig, gesamt)*	*6,5–7,5 Stunden*

FÜR DEN FERMENTOLYSETEIG

270 g kühles Wasser
150 g Sauerteiganstellgut (Weizen/Roggen) oder 120 g Lievito-Madre-Anstellgut + 30 g Wasser
350 g Weizenmehl Type 1050
75 g Dinkelvollkornmehl

Alle Zutaten kurz, aber gründlich mischen und abgedeckt **30 Minuten** quellen lassen.

FÜR DEN HAUPTTEIG

2–3 g Frischhefe (Menge je nach Alter und Aktivität des Anstellguts)
10 g Rübensirup
Fermentolyseteig
12 g Salz
10 g Olivenöl
20 g Wasser (nach Bedarf)

Die Frischhefe und den Rübensirup zum Fermentolyseteig geben und mit einer Küchen-/Knetmaschine mit geringer Stufe 10 Minuten kneten. Dann das Salz hinzufügen und den Teig mit höherer Stufe 3–5 Minuten auskneten, dabei portionsweise das Olivenöl zugeben und mit einkneten. Nach Bedarf noch bis zu 20 g Wasser mit einkneten.
Teiggewicht: ca. 900 g
Teigtemperatur nach dem Kneten: ca. 24–26 °C

AM BACKTAG

8.00 Uhr	8.30 Uhr	9.50 Uhr	10.50 Uhr	12.20 Uhr	13.20 Uhr
Fermentolyseteig mischen	*Hauptteig zubereiten*	*dehnen und falten*	*dehnen und falten*	*formen + Stückgare*	*Backofen vorheizen*

AUSSERDEM
neutrales Pflanzenöl für die Schüssel/Teigwanne
Mehl zum Arbeiten

Stockgare
Den Teig in einer leicht geölten Schüssel oder Teigwanne bei Raumtemperatur abgedeckt etwa **3–4 Stunden** bis zur Verdopplung reifen lassen, dabei nach 1 Stunde und nach 2 Stunden dehnen und falten.

Formen
Den Teig auf der bemehlten Arbeitsfläche zu einem runden Brotlaib formen und mit dem Teigschluss nach unten in ein bemehltes Gärkörbchen geben.

Stückgare
Den Teigling abgedeckt bei Raumtemperatur etwa **1,5 Stunden** bis zur knappen Gare reifen lassen (siehe Seite 30).

Backen
Den Backofen rechtzeitig vor dem Einschießen auf 240 °C Ober-/Unterhitze vorheizen.

Den Teigling aus dem Gärkörbchen auf den Einschießer stürzen (Teigschluss jetzt oben), einschießen und sofort schwaden. Insgesamt **50 Minuten** backen, dabei nach 10 Minuten den Dampf ablassen und die Temperatur auf 210 °C reduzieren.

Nach dem Backen das Brot auf einem Rost auskühlen lassen und dann servieren.

13.50 Uhr
backen

14.40 Uhr
aus dem Ofen nehmen

Auffrischbrot für Sauerteigreste (Seite 88)

Porridge-Dinkelbrot (Seite 92)

Für 1 Laib (1-kg-Gärkörbchen) | Dinkelanstellgut, Weizenanstellgut, Lievito Madre

PORRIDGE-DINKELBROT

Dieses saftige Dinkelbrot wird mit fermentiertem Porridge zubereitet sowie einer langen Stückgare im Kühlschrank. *(Bild siehe Seite 91.)*

GESAMTZEIT	ZUBEREITUNGSZEIT	REIFEZEIT	ZEIT AM BACKTAG
23–30 Stunden	*50 Minuten*	*4–6 Stunden (Porridge) + 16–21 Stunden (Teig, gesamt)*	*1 Stunde*

FÜR DAS FERMENTIERTE PORRIDGE

50 g zarte Dinkel- oder Haferflocken
200 g Wasser
10 g Sauerteiganstellgut (Dinkel-, Weizen- oder Lievito-Madre-Anstellgut)

Die Dinkelflocken in einer Pfanne anrösten. Das Wasser zugeben, verrühren und aufkochen lassen. Bei geringer Temperatur einige Minuten sanft köcheln lassen und dabei regelmäßig umrühren.

Dann die Mischung umfüllen und auf etwa 30 °C abkühlen lassen. Anschließend das Sauerteiganstellgut untermischen und das Porridge bei 28–30 °C etwa **4–6 Stunden** reifen lassen. Es ist reif, wenn es mit reichlich Luftbläschen durchzogen ist und ein wenig an Volumen zugenommen hat.

FÜR DEN FERMENTOLYSETEIG

fermentiertes Porridge
130 g kaltes Wasser (5 °C)
20 g Orangensaft
400 g Dinkelmehl Type 630
100 g Dinkelvollkornmehl

Alle Zutaten kurz, aber gründlich mischen und abgedeckt bei Raumtemperatur **20 Minuten** quellen lassen.

AM VORTAG

8.00 Uhr	9.00 Uhr	14.00 Uhr	14.20 Uhr	15.40 Uhr	18.40 Uhr
Porridge kochen	*Sauerteiganstellgut mit Porridge mischen*	*Fermentolyseteig mischen*	*Hauptteig zubereiten*	*dehnen und falten*	*formen + Stückgare*

FÜR DEN HAUPTTEIG

Fermentolyseteig
1 g Frischhefe (optional)
10 g flüssiger Blütenhonig
12 g Salz
10 g Olivenöl
30 g Wasser (nach Bedarf)

Für den Hauptteig den Fermentolyseteig, die Frischhefe und den Honig mit einer Küchen-/Knetmaschine mit geringer Stufe 8–10 Minuten kneten. Dann mit höherer Stufe 1–2 Minuten auskneten, dabei das Salz, Olivenöl und nach Bedarf bis zu 30 g Wasser mit einkneten.
Teiggewicht: ca. 950 g
Teigtemperatur nach dem Kneten: ca. 22–24 °C

AUSSERDEM

neutrales Pflanzenöl für die Schüssel/Teigwanne
Mehl zum Arbeiten
zarte Dinkelflocken oder Haferflocken

Stockgare

Den Teig in einer leicht geölten Schüssel oder Teigwanne bei 22–24 °C abgedeckt **4–5 Stunden** bis zur Verdopplung reifen lassen, dabei nach 1 Stunde dehnen und falten.

Formen

Den Teig auf der leicht bemehlten Arbeitsfläche zu einem runden Brotlaib formen. Die glatte Seite des Teiglings etwas anfeuchten und in zarten Dinkelflocken wälzen. Den Teigling mit dem Teigschluss nach oben in ein rundes Gärkörbchen geben (das Gärkörbchen am besten mit einem Leinentuch auslegen).

Stückgare

Den Teigling bei Raumtemperatur etwa **30 Minuten** anspringen lassen und danach im Kühlschrank bei 5–6 °C **12–16 Stunden** reifen lassen. Das Volumen soll dabei sichtbar zunehmen.

Backen

Den Backofen rechtzeitig vor dem Einschießen auf 240 °C Ober-/Unterhitze vorheizen.

Den Teigling aus dem Gärkörbchen auf den Einschießer stürzen (Teigschluss jetzt unten) und einschneiden. Einschießen und sofort schwaden. Das Brot insgesamt **40–50 Minuten** backen, dabei nach 10 Minuten den Dampf ablassen und die Temperatur auf 200 °C reduzieren.

Nach dem Backen das Brot auf einem Rost auskühlen lassen und dann servieren.

19.10 Uhr *in den Kühlschrank geben*

AM BACKTAG

9.00 Uhr *Backofen vorheizen*

9.30 Uhr *backen*

10.15 Uhr *aus dem Ofen nehmen*

Für 1 Laib (1-kg-Gärkörbchen) | Roggenanstellgut

RUSTIKALE BIERKRUSTE

Diese Bierkruste ist ein kräftiges und aromatisches Mischbrot mit alkoholfreiem Hefeweißbier, hergestellt mit zweistufiger Sauerteigführung. *(Bild siehe Seite 96.)*

GESAMTZEIT	ZUBEREITUNGSZEIT	REIFEZEIT	ZEIT AM BACKTAG
18,5–23 Stunden	*50 Minuten*	*12–15 Stunden (Sauerteig, gesamt) + 4,5–6 Stunden (Teig, gesamt)*	*8,5–11 Stunden*

FÜR DEN SAUERTEIG STUFE 1

5 g Roggenanstellgut
50 g warmes Wasser (40 °C)
50 g Roggenmehl Type 1150

Alles gründlich mischen und abgedeckt bei Raumtemperatur **10–12 Stunden** reifen lassen.

FÜR DEN SAUERTEIG STUFE 2

100 g warmes Wasser (40 °C)
gesamter Sauerteig aus Stufe 1
100 g Roggenvollkornmehl

Alles gründlich mischen und abgedeckt bei 26–28 °C **2–3 Stunden** reifen lassen.

FÜR DEN FERMENTOLYSETEIG

250 g alkoholfreies Hefeweißbier
reifer Sauerteig aus Stufe 2
300 g Weizenmehl Type 550
100 g Weizenvollkornmehl
20 g Altbrot, geröstet und gemahlen

Alle Zutaten kurz, aber gründlich mischen und abgedeckt **20–30 Minuten** quellen lassen.

AM VORTAG	AM BACKTAG				
21.00 Uhr	*8.00 Uhr*	*10.00 Uhr*	*10.30 Uhr*	*11.50 Uhr*	*14.20 Uhr*
Sauerteig Stufe 1	*Sauerteig Stufe 2*	*Fermentolyseteig mischen*	*Hauptteig zubereiten*	*dehnen und falten*	*formen + Stückgare*

FÜR DEN HAUPTTEIG

10 g Rübensirup
Fermentolyseteig
12 g Salz
30 g alkoholfreies Hefeweißbier (nach Bedarf)

Für den Hauptteig den Rübensirup zum Fermentolyseteig geben und mit einer Küchen-/Knetmaschine mit geringer Stufe 8–10 Minuten kneten. Das Salz hinzufügen und den Teig mit höherer Stufe 3–5 Minuten auskneten. Nach Bedarf noch bis zu 30 g alkoholfreies Hefeweißbier mit einkneten.
Teiggewicht: ca. 1020 g
Teigtemperatur nach dem Kneten: ca. 24–26 °C

AUSSERDEM

neutrales Pflanzenöl für die Schüssel/Teigwanne
Mehl zum Arbeiten

Stockgare
Den Teig in einer leicht geölten Schüssel oder Teigwanne bei 22–24 °C abgedeckt etwa **3–4 Stunden** bis zur guten Verdopplung reifen lassen, dabei nach 1 Stunde dehnen und falten.

Formen
Den Teig auf der bemehlten Arbeitsfläche zu einem runden Brotlaib formen und mit dem Teigschluss nach unten in ein bemehltes Gärkörbchen geben.

Stückgare
Den Teigling abgedeckt bei 22–24 °C etwa **1,5–2 Stunden** bis zur knappen Gare reifen lassen (siehe Seite 30).

Backen
Den Backofen rechtzeitig vor dem Einschießen auf 250 °C Ober-/Unterhitze vorheizen.

Den Teigling aus dem Gärkörbchen auf einen Einschießer stürzen (Teigschluss jetzt oben), einschießen und sofort schwaden. Insgesamt **50 Minuten** backen, dabei nach 10 Minuten den Dampf ablassen und die Temperatur auf 210 °C reduzieren.

Nach dem Backen die Bierkruste auf einem Rost auskühlen lassen und dann servieren.

15.30 Uhr *Backofen vorheizen*

16.00 Uhr *backen*

16.50 Uhr *aus dem Ofen nehmen*

Rustikale Bierkruste (Seite 94)

Landkastenbrot (Seite 98)

LANDKASTENBROT

Ein Rezept für ein aromatisches und einfaches Weizen-Roggen-Mischbrot aus der Kastenform mit einem zweistufig geführten Roggensauerteig. *(Bild siehe Seite 97.)*

GESAMTZEIT	ZUBEREITUNGSZEIT	REIFEZEIT	ZEIT AM BACKTAG
16,5–20 Stunden	*40 Minuten*	*12–15 Stunden (Sauerteig, gesamt) + 3–3,5 Stunden (Teig, gesamt)*	*6,5–8 Stunden*

FÜR DEN SAUERTEIG STUFE 1

8 g Roggenanstellgut
80 g warmes Wasser (40 °C)
80 g Roggenmehl Type 1150

Alles gründlich mischen und abgedeckt bei Raumtemperatur **10–12 Stunden** reifen lassen.

FÜR DEN SAUERTEIG STUFE 2

gesamter Sauerteig aus Stufe 1
160 g warmes Wasser (40 °C)
160 g Roggenmehl Type 1150

Alles gründlich mischen und abgedeckt bei 26–28 °C **2–3 Stunden** reifen lassen.

FÜR DEN FERMENTOLYSETEIG

200 g warmes Wasser (40 °C)
reifer Sauerteig aus Stufe 2
340 g Weizenmehl Type 1050

Alle Zutaten kurz, aber gründlich mischen und abgedeckt bei Raumtemperatur **30 Minuten** quellen lassen.

AM VORTAG	AM BACKTAG				
21.00 Uhr	*8.00 Uhr*	*10.00 Uhr*	*10.30 Uhr*	*10.40 Uhr*	*11.00 Uhr*
Sauerteig Stufe 1	*Sauerteig Stufe 2*	*Fermentolyseteig mischen*	*Hauptteig zubereiten*	*Kesselgare*	*formen*

FÜR DEN HAUPTTEIG

10 g flüssiger Waldhonig (alternativ Rübensirup)
14 g Salz
Fermentolyseteig

Für den Hauptteig den Waldhonig und das Salz zum Fermentolyseteig geben. Mit einer Küchen-/Knetmaschine mit geringer Stufe in 5–8 Minuten zu einem weichen und klebrigen Teig mischen. (Geht auch gut von Hand.)
Teiggewicht: ca. 1050 g
Teigtemperatur nach dem Kneten: ca. 26–28 °C

AUSSERDEM

neutrales Pflanzenöl für die Form (optional)
Roggenmehl zum Bestreuen
Mehl zum Arbeiten

Stockgare (Kesselgare)
Den Teig abgedeckt in der Knetschüssel bei Raumtemperatur etwa **20 Minuten** ruhen lassen.

Formen
Eine Kastenform entweder einfetten und mit Roggenmehl ausstreuen oder mit Dauerbackfolie auslegen. Den Teig auf der gut bemehlten Arbeitsfläche zu einem länglichen Brotlaib formen und mit dem Teigschluss nach unten in die Kastenform geben. Alternativ den Teig direkt in die Kastenform füllen und mit einem angefeuchteten Teigschaber glatt streichen. Anschließend mit Roggenmehl bestreuen.

Stückgare
Den Teig abgedeckt bei 25–27 °C etwa **2,5–3 Stunden** reifen lassen (alternativ bei 22–24 °C etwa 5 Stunden reifen lassen), dabei nach der halben Reifezeit unbedeckt weiterreifen lassen (dies fördert die Rissbildung auf der Teigoberfläche). Der Teig sollte zum Schluss etwa an den Rand der 1-kg-Brotbackform reichen.

Backen
Den Backofen rechtzeitig vor dem Einschießen auf 240 °C Ober-/Unterhitze vorheizen.

Das Brot einschießen und sofort wenig schwaden. In insgesamt **50 Minuten** kräftig backen, dabei nach 5 Minuten den Dampf ablassen und die Temperatur auf 210 °C reduzieren.

Sofort nach dem Backen das Brot aus der Kastenform nehmen, mit etwas Wasser besprühen und auf einem Rost auskühlen lassen. Das Brot dann servieren.

13.30 Uhr *Backofen vorheizen* — *14.00 Uhr* *backen* — *14.50 Uhr* *aus dem Ofen nehmen*

Für 1 Kastenbrot (1-kg-Kastenbrotbackform) | Roggenanstellgut

ROGGEN-DINKEL-VOLLKORNBROT

Ein Rezept für ein saftiges Vollkornbrot aus der Kastenform mit Roggen- und Dinkelvollkornmehl, Roggenschrot und Saaten. *(Bild siehe Seite 102.)*

GESAMTZEIT	ZUBEREITUNGSZEIT	REIFEZEIT	ZEIT AM BACKTAG
15–17 Stunden	*50 Minuten*	*10–12 Stunden (Sauerteig)+ 3 Stunden (Teig)*	*5 Stunden*

FÜR DEN SAUERTEIG

10 g Roggenanstellgut
120 g warmes Wasser (40 °C)
120 g Roggenvollkornmehl

Alles gründlich mischen und abgedeckt bei Raumtemperatur **10–12 Stunden** reifen lassen.

FÜR DAS BRÜHSTÜCK

60 g Altbrot, geröstet und gemahlen
5 g Salz
180 g heißes Wasser (90 °C)

Alles mischen und abgedeckt bei Raumtemperatur **über Nacht (etwa 10–12 Stunden)** quellen lassen.

FÜR DAS QUELLSTÜCK

70 g Sonnenblumenkerne, geröstet
20 g weißer Sesam, geröstet
125 g grobes Roggenschrot
8 g Salz
180 g kühles Wasser

Alles mischen und abgedeckt bei Raumtemperatur **über Nacht (etwa 10–12 Stunden)** quellen lassen.

FÜR DEN FERMENTOLYSETEIG

reifer Sauerteig
100 g kühles Wasser
250 g Dinkelvollkornmehl

Alle Zutaten kurz, aber gründlich mischen und abgedeckt **20 Minuten** quellen lassen.

AM VORTAG	AM BACKTAG				
21.00 Uhr	*8.00 Uhr*	*8.20 Uhr*	*8.40 Uhr*	*11.10 Uhr*	*11.40 Uhr*
Sauerteig + Brühstück + Quellstück ansetzen	*Fermentolyseteig mischen*	*Hauptteig zubereiten*	*formen + Stückgare*	*Backofen vorheizen*	*backen*

FÜR DEN HAUPTTEIG
2 g Frischhefe (optional)
20 g Rübensirup
Fermentolyseteig
Brühstück
Quellstück

Für den Hauptteig die Frischhefe und den Rübensirup zum Fermentolyseteig geben und mit einer Küchen-/Knetmaschine mit geringer Stufe 5–8 Minuten kneten. Dann mit höherer Stufe 1–2 Minuten weiterkneten, dabei das Brühstück und Quellstück hinzufügen und alles zu einem weichen, bindigen und leicht klebrigen Teig mischen.
Teiggewicht: ca. 1270 g
Teigtemperatur nach dem Kneten: 22–24 °C

AUSSERDEM
neutrales Pflanzenöl für die Form (optional)
Sonnenblumenkerne zum Bestreuen
weißer Sesam zum Bestreuen

Formen
Eine Kastenform entweder einfetten und mit Sonnenblumenkernen und Sesam ausstreuen oder mit Dauerbackfolie auslegen. Den Teig einfüllen, mit einem angefeuchteten Teigschaber glatt streichen und mit Sonnenblumenkernen und Sesam bestreuen.

Stückgare
Den Teig abgedeckt bei 22–24 °C etwa **3 Stunden** reifen lassen. Er sollte danach ungefähr bis 1–2 cm unter den Rand der 1-kg-Brotbackform reichen.

Backen
Den Backofen rechtzeitig vor dem Einschießen auf 230 °C Ober-/Unterhitze vorheizen.

Das Brot einschießen und sofort wenig schwaden. Insgesamt **80 Minuten** backen, dabei nach 10 Minuten den Dampf ablassen und die Temperatur auf 190–200 °C reduzieren.

Sofort nach dem Backen das Brot aus der Kastenform nehmen, mit etwas Wasser besprühen und auf einem Rost auskühlen lassen. Dann das Brot servieren.

TIPP
Für das Altbrot altbackenes Brot klein würfeln und auf einem Blech verteilen. Zum Rösten kann gut die Restwärme des Backofens nach einem Backvorgang genutzt werden. Sind die Brotwürfel komplett durchgetrocknet und abgekühlt, können sie beispielsweise in einem Mixer oder Fleischwolf zerkleinert werden.

13.00 Uhr aus dem Ofen nehmen

Roggen-Dinkel-Vollkornbrot (Seite 100)

Rauchige Mandel-Speck-Wurzeln (Seite 104)

Für 8–10 Stück | Roggenanstellgut, Weizenanstellgut

RAUCHIGE MANDEL-SPECK-WURZELN

Hier werden Mischsauerteig, gebratener Bacon und Rauchmandeln zu herzhaften Wurzelbrötchen gebacken. *(Bild siehe Seite 103.)*

GESAMTZEIT	ZUBEREITUNGSZEIT	REIFEZEIT	ZEIT AM BACKTAG
15–19 Stunden	*40 Minuten*	*10–14 Stunden (Sauerteig) + 4 Stunden (Teig, gesamt)*	*6 Stunden*

FÜR DEN MISCHSAUERTEIG

10 g Roggen- oder Weizenanstellgut
150 g warmes Wasser (40 °C)
75 g Weizenmehl Type 1050
75 g Roggenmehl Type 1150

Alles gründlich mischen und abgedeckt bei Raumtemperatur **10–14 Stunden** reifen lassen.

FÜR DEN AUTOLYSETEIG

200 g Wasser
350 g Weizenmehl Type 550

Wasser und Mehl kurz, aber gründlich mischen und abgedeckt bei Raumtemperatur **40–60 Minuten** quellen lassen.

FÜR DEN HAUPTTEIG

200 g durchwachsener Räucherspeck, gewürfelt
100 g Rauchmandelkerne
Mischsauerteig
1 g Frischhefe (optional)
5 g Rübensirup
Autolyseteig
8 g Salz
20 g Wasser (nach Bedarf)

Für den Hauptteig die Räucherspeckwürfel in einer Pfanne anbraten und danach abkühlen lassen. Die Rauchmandeln grob hacken. Beides beiseitestellen.

Den Mischsauerteig, die Frischhefe und den Rübensirup zum Autolyseteig geben und mit einer Küchen-/Knetmaschine mit geringer Stufe 8–10 Minuten kneten. Dann das Salz hinzufügen und den Teig mit höherer Stufe 3–5 Minuten auskneten, dabei nach Bedarf noch bis zu 20 g Wasser mit einkneten. Anschließend kurz von Hand den Räucherspeck und die Rauchmandeln unterkneten.
Teiggewicht: ca. 1190 g
Teigtemperatur nach dem Kneten: ca. 24–26 °C

AM VORTAG	AM BACKTAG				
21.30 Uhr Sauerteig ansetzen	*8.00 Uhr* Autolyseteig mischen	*8.40 Uhr* Hauptteig zubereiten	*10.00 Uhr* dehnen und falten	*11.00 Uhr* dehnen und falten	*12.00 Uhr* formen + Stückgare

AUSSERDEM

neutrales Pflanzenöl für die Schüssel/Teigwanne

Mehl zum Arbeiten

Stockgare

Den Teig in einer leicht geölten Schüssel oder Teigwanne bei 22–24 °C abgedeckt etwa **3 Stunden** bis zur Verdopplung reifen lassen, dabei nach 1 Stunde und nach 2 Stunden dehnen und falten. (Ein rechteckiges Gefäß, wie beispielsweise eine Teigwanne, erleichtert später ein gleichmäßiges Abstechen von rechteckigen Teiglingen.)

Formen

Den reifen Teig auf die bemehlte Arbeitsfläche stürzen und die Oberseite dünn mit Mehl bestreuen. Dann mit der Teigkarte acht bis zehn längliche Teiglinge abstechen.

Die Teiglinge vorsichtig zwei- bis dreimal eindrehen. Danach andersherum, als sie später gebacken werden, in ein bemehltes Bäckerleinen oder Küchentuch geben und den Stoff zwischen den Teiglingen etwas hochziehen, damit diese gestützt werden.

Stückgare

Die Teiglinge abgedeckt bei Raumtemperatur etwa **1 Stunde** bis zur knappen Gare reifen lassen (siehe Seite 30).

Backen

Den Backofen rechtzeitig vor dem Einschießen auf 250 °C Ober-/Unterhitze vorheizen.

Die Teiglinge andersherum, als sie im Bäckerleinen liegen, auf einen Bogen Backpapier oder Dauerbackfolie auf dem Einschießer verteilen, danach einschießen und sofort schwaden. Insgesamt **20–25 Minuten** backen, dabei nach 10 Minuten den Dampf ablassen und die Temperatur auf 210 °C reduzieren.

Nach dem Backen die Mandel-Speck-Wurzeln mit etwas Wasser einsprühen und auf einem Rost auskühlen lassen. Dann servieren.

12.30 Uhr
Backofen vorheizen

13.00 Uhr
backen

13.25 Uhr
aus dem Ofen nehmen

OLIVENÖL-BRIOCHE-BURGER-BUNS

Diese Buns sind weiche Hamburger-Brötchen mit einer wattigen und lockeren Krume und einem aromatischen Geschmack. *(Bild siehe Seite 108.)*

GESAMTZEIT	ZUBEREITUNGSZEIT	REIFEZEIT	ZEIT AM BACKTAG
7,5–10 Stunden	*50 Minuten*	*2–4 Stunden (Sauerteig) + 4,5–5 Stunden (Teig, gesamt)*	*7,5–10 Stunden*

FÜR DEN LIEVITO MADRE

60 g Lievito-Madre-Anstellgut (es sollte sehr aktiv und die letzte Auffrischung maximal 12 Stunden her sein)
30 g warmes Wasser (40 °C)
60 g Weizenmehl Type 550

Das Lievito-Madre-Anstellgut mit dem Wasser schaumig aufschlagen. Dann die Mischung mit dem Mehl verkneten. Den Lievito Madre bei 26–30 °C abgedeckt **2–4 Stunden** bis zur guten Verdopplung reifen lassen.

FÜR DEN HAUPTTEIG

reifer Lievito Madre
150 g kalte Vollmilch
40 g Zucker
3 kalte Eier (Größe M)
500 g Weizenmehl Type 550
10 g Salz
90 g mildes Olivenöl
50 g kühles Wasser (nach Bedarf)

Für den Hauptteig alle Zutaten, außer Salz, Olivenöl und Wasser, mit einer Küchen-/Knetmaschine bei langsamer Geschwindigkeit etwa 8–10 Minuten kneten. Dann das Salz zugeben und bei langsamer Geschwindigkeit etwa 10–15 Minuten kneten, dabei portionsweise das Olivenöl hinzufügen und mit einkneten. Anschließend bei schneller Geschwindigkeit in 3–5 Minuten zu einem leicht klebrigen Teig auskneten und dabei nach Bedarf bis zu 50 g Wasser mit einkneten. (Tendenziell lieber etwas kürzer kneten als überkneten. Die Teigstruktur entwickelt sich noch weiter während der Stockgare.)
Teiggewicht: ca. 1120 g
Teigtemperatur nach dem Kneten: ca. 24–26 °C

AM BACKTAG

8.00 Uhr	*10.30 Uhr*	*11.45 Uhr*	*12.30 Uhr*	*14.00 Uhr*	*15.30 Uhr*
Lievito Madre ansetzen	*Hauptteig zubereiten*	*dehnen und falten*	*dehnen und falten*	*formen + Stückgare*	*Backofen vorheizen*

AUSSERDEM

neutrales Pflanzenöl für die Schüssel/Teigwanne
Mehl zum Arbeiten

Stockgare

Den Teig in einer leicht geölten Schüssel oder Teigwanne abgedeckt bei 25–27 °C etwa **3 Stunden** reifen lassen, bis sich das Volumen mindestens verdoppelt, besser aber verdreifacht hat. Dabei nach 45 und 90 Minuten dehnen und falten. (Die Reifezeit kann je nach Aktivität des Sauerteigs abweichen.)

Formen

Den Teig auf der bemehlten Arbeitsfläche in zehn Teiglinge von etwa 110 g teilen und vorsichtig rund schleifen.

Stückgare

Die Teiglinge abgedeckt bei Raumtemperatur **1,5–2 Stunden** bis zur Vollgare reifen lassen (siehe Seite 30).

Backen

Den Backofen rechtzeitig vor dem Einschießen auf 220 °C Ober-/Unterhitze vorheizen.

FÜR DIE EISTREICHE UND DAS TOPPING

1 Ei
10 g Vollmilch
1 Prise Salz
1 Prise Zucker
weißer und schwarzer Sesam zum Bestreuen
50 g Butter zum Bestreichen

Für die Eistreiche das Ei mit der Milch, dem Salz und Zucker verquirlen. Die vollständig gegarten Teiglinge vorsichtig etwas flach drücken und mit der Eistreiche einstreichen. Anschließend mit Sesam als Topping bestreuen.

Die Teiglinge einschießen und wenig schwaden. Insgesamt etwa **16–18 Minuten** backen, dabei nach 10 Minuten die Temperatur auf 180–200 °C reduzieren. Den Schwaden während der gesamten Backzeit nicht ablassen. Inzwischen die Butter schmelzen.

Nach dem Backen die heißen Burger Buns sofort mit der geschmolzenen Butter einstreichen. Auf einem Rost auskühlen lassen, dabei mit einem Küchentuch abdecken. Dann die Buns servieren.

TIPP

Die Olivenöl-Brioche-Burger-Buns lassen sich prima auf Vorrat backen und einfrieren.

16.00 Uhr
backen

16.20 Uhr
aus dem Ofen nehmen

Olivenöl-Brioche-Burger-Buns (Seite 106)

Weizenbrötchen (Seite 110)

Für 9 Stück | Weizenanstellgut

WEIZENBRÖTCHEN

Ein Rezept für klassische weiße Brötchen – mit einer knusprigen Kruste und einer lockeren, aromatischen Krume. *(Bild siehe Seite 109.)*

GESAMTZEIT	ZUBEREITUNGSZEIT	REIFEZEIT	ZEIT AM BACKTAG
5,5 Stunden	*40 Minuten*	*4 Stunden (Teig, gesamt)*	*5,5 Stunden*

FÜR DEN FERMENTOLYSETEIG

150 g kalte Vollmilch
120 g kühles Wasser
100 g kaltes Weizenanstellgut
450 g Weizenmehl Type 550

Alles kurz, aber gründlich mischen und abgedeckt bei Raumtemperatur **20–30 Minuten** quellen lassen.

FÜR DEN HAUPTTEIG

5 g Frischhefe
10 g flüssiger Blütenhonig
Fermentolyseteig
11 g Salz
10 g Butter
20 g Wasser (nach Bedarf)

Für den Hauptteig die Frischhefe und den Blütenhonig zum Fermentolyseteig geben und mit einer Küchen-/Knetmaschine mit geringer Stufe 10 Minuten kneten. Anschließend das Salz und die Butter zugeben und den Teig mit höherer Stufe 3–5 Minuten auskneten, dabei nach Bedarf noch bis zu 20 g Wasser mit einkneten.
Teiggewicht: ca. 870 g
Teigtemperatur nach dem Kneten: ca. 24–26 °C

AM BACKTAG

8.00 Uhr	*8.30 Uhr*	*9.50 Uhr*	*10.50 Uhr*	*11.50 Uhr*	*12.30 Uhr*
Fermentolyseteig mischen	*Hauptteig zubereiten*	*dehnen und falten*	*dehnen und falten*	*formen + Stückgare*	*Backofen vorheizen*

AUSSERDEM

neutrales Pflanzenöl für die Schüssel/Teigwanne

Mehl zum Arbeiten

Stockgare

Den Teig in einer leicht geölten Schüssel oder Teigwanne bei Raumtemperatur abgedeckt etwa **3 Stunden** bis zur guten Verdopplung reifen lassen, dabei nach 1 Stunde und nach 2 Stunden dehnen und falten.

Formen

Den Teig auf der bemehlten Arbeitsfläche in neun Teile mit je etwa 95 g teilen. Die Teiglinge locker rund wirken und mit dem Teigschluss nach unten **15 Minuten** entspannen lassen.

Anschließend vorsichtig zu länglichen Teiglingen formen. Diese mit dem Teigschluss nach oben in ein leicht bemehltes Bäckerleinen oder Küchentuch legen und den Stoff zwischen den Teiglingen etwas hochziehen, damit diese gestützt werden.

Stückgare

Die Teiglinge abgedeckt bei Raumtemperatur etwa **1 Stunde** bis zur knappen Gare reifen lassen (siehe Seite 30).

Backen

Den Backofen rechtzeitig vor dem Einschießen auf 240 °C Ober-/Unterhitze vorheizen.

Die Teiglinge mit dem Teigschluss nach unten auf einem Bogen Backpapier oder Dauerbackfolie auf dem Einschießer verteilen. Anschließend mit einem scharfen Messer längs einschneiden, einschießen und schwaden. Insgesamt etwa **18–20 Minuten** backen, dabei nach 10 Minuten den Dampf ablassen und die Temperatur auf 200 °C reduzieren.

Anschließend die Brötchen mit etwas Wasser besprühen, auf einem Rost auskühlen lassen und servieren.

13.00 Uhr *backen*

13.20 Uhr *aus dem Ofen nehmen*

Für 9–10 Stück | Roggenanstellgut, Lievito Madre

DINKEL-HAFER-KISSEN

Kissen – genau der richtige Name für diese saftigen und luftigen Dinkelbrötchen mit Haferflocken, hergestellt mit Übernachtgare. *(Bild siehe Seite 114.)*

GESAMTZEIT	ZUBEREITUNGSZEIT	REIFEZEIT	ZEIT AM BACKTAG
13,5–15,5 Stunden	*40 Minuten*	*10,5–12,5 Stunden (Teig, gesamt)*	*1 Stunde*

FÜR DAS SAUERTEIG-KOCHSTÜCK

50 g Roggenanstellgut
30 g kernige Haferflocken
160 g Wasser

Das Roggenanstellgut, die Haferflocken und das Wasser in einem Topf mit einem Schneebesen klümpchenfrei verrühren. Langsam erhitzen und dabei weiterrühren. Nach wenigen Minuten beginnt die Masse puddingartig einzudicken. Den Topf vom Herd nehmen, das Sauerteig-Kochstück umfüllen und einige Minuten abkühlen lassen. Anschließend mit Frischhaltefolie abgedeckt für mindestens **2 Stunden** im Kühlschrank kalt stellen.

FÜR DEN AUTOLYSETEIG

180 g kühles Wasser
20 g Orangesaft (natürliche Vitamin-C-Quelle, zur Stärkung der Teigstruktur)
kaltes Sauerteig-Kochstück
300 g Dinkelmehl Type 630
175 g Dinkelvollkornmehl

Alles kurz, aber gründlich mischen und abgedeckt bei Raumtemperatur **20 Minuten** quellen lassen.

FÜR DEN HAUPTTEIG

10 g Honig
1 g Frischhefe
10 g Lievito-Madre-Anstellgut oder Weizen-/Dinkelanstellgut
Autolyseteig
12 g Salz
10 g Butter
20 g Wasser (nach Bedarf)

Für den Hauptteig den Honig, die Frischhefe sowie das Sauerteiganstellgut zum Autolyseteig geben und mit einer Küchen-/Knetmaschine mit geringer Stufe 8–10 Minuten kneten. Dann mit höherer Stufe 1–2 Minuten auskneten, dabei das Salz, die Butter und nach Bedarf bis zu 20 g Wasser mit einkneten.
Teiggewicht: ca. 970 g
Teigtemperatur nach dem Kneten: ca. 22–24 °C

AM VORTAG
17.00 Uhr – *Sauerteig-Kochstück herstellen*
20.00 Uhr – *Autolyseteig mischen*
20.20 Uhr – *Hauptteig zubereiten*
21.25 Uhr – *dehnen und falten*
22.10 Uhr – *dehnen und falten*

AM BACKTAG
7.30 Uhr – *formen + Stückgare*

AUSSERDEM
neutrales Pflanzenöl für die Schüssel/Teigwanne
Mehl zum Arbeiten

Stockgare
Den Teig in einer leicht geölten Schüssel oder Teigwanne bei 18–20 °C abgedeckt **10–12 Stunden** bis zur guten Verdopplung reifen lassen, dabei nach 45 und nach 90 Minuten dehnen und falten. (Ein rechteckiges Gefäß, wie beispielsweise eine Teigwanne, erleichtert später ein gleichmäßiges Abstechen von rechteckigen Teiglingen.)

Formen
Den reifen Teig auf die bemehlte Arbeitsfläche stürzen und die Oberseite dünn mit Mehl bestreuen. Anschließend mit der Teigkarte davon neun bis zehn rechteckige Teiglinge abstechen. Die Teiglinge in ein bemehltes Bäckerleinen oder Küchentuch geben und den Stoff zwischen den Teiglingen etwas hochziehen, damit diese gestützt werden.

Stückgare
Die Teiglinge abgedeckt etwa **30–40 Minuten** reifen lassen. Danach auf einen Bogen Backpapier oder Dauerbackfolie setzen.

FÜR DIE SAUERTEIGSTREICHE UND DAS TOPPING
30 g Roggenanstellgut
30 g Wasser
kernige Haferflocken zum Bestreuen

Für die Sauerteigstreiche das Roggenanstellgut und Wasser verrühren. Die Teiglinge damit einstreichen und danach mit Haferflocken als Topping bestreuen.

Backen
Den Backofen rechtzeitig vor dem Einschießen auf 240 °C Ober-/Unterhitze vorheizen.

Die Brötchen einschießen und sofort schwaden. Insgesamt **20–22 Minuten** backen, dabei nach 10 Minuten den Dampf ablassen und die Temperatur auf 210 °C reduzieren.

Nach dem Backen die Brötchen auf einem Rost auskühlen lassen und dann servieren.

TIPP
Für eine hefefreie Variante kann statt 10 g Lievito-Madre-Anstellgut und 1 g Frischhefe auch 40 g aufgefrischter Lievito Madre verwendet werden. Den Teig dann während der Stockgare bei 22–24 °C reifen lassen.

7.40 Uhr Backofen vorheizen — *8.00 Uhr* backen — *8.20 Uhr* aus dem Ofen nehmen

Dinkel-Hafer-Kissen (Seite 112)

Brotstangen mit Parmesankruste (Seite 118)

ZUM KNABBERN

BROTSTANGEN MIT PARMESANKRUSTE

Ein würziger Snack in Anlehnung an die Breadsticks der Pizza-Hut-Restaurants. Die Brotstangen sind perfekt zum Dippen oder auch als Beilage zum Grillen, zu Salaten oder Suppen.
(Bild siehe Seite 115.)

GESAMTZEIT	ZUBEREITUNGSZEIT	REIFEZEIT	BACKZEIT
6,5–9 Stunden	*50 Minuten*	*2–4 Stunden (Sauerteig) + 3–3,5 Stunden (Teig, gesamt)*	*12–15 Minuten*

FÜR DAS MEHLKOCHSTÜCK

125 g Wasser
25 g Hartweizenmehl (Semola rimacinata)

Das Wasser und das Mehl in einem Topf mit einem Schneebesen klümpchenfrei verrühren. Langsam erhitzen und dabei weiterrühren. Nach wenigen Minuten beginnt die Masse puddingartig einzudicken, danach umfüllen und einige Minuten abkühlen lassen. Anschließend das Mehlkochstück mit Frischhaltefolie abgedeckt für mindestens **2 Stunden** im Kühlschrank kalt stellen.

FÜR DEN SAUERTEIG

70 g Weizenanstellgut
70 g warmes Wasser (40 °C)
70 g Weizenmehl Type 1050

Das Weizenanstellgut mit dem warmen Wasser und dem Weizenmehl gründlich vermischen. Den Sauerteig bei 26–30 °C abgedeckt **2–4 Stunden** bis zur guten Verdopplung reifen lassen.

FÜR DEN HAUPTTEIG

50–70 g kühles Wasser
kaltes Mehlkochstück
reifer Sauerteig
3 g Frischhefe
5 g Honig
300 g Weizenmehl Type 550
15 g Olivenöl
8 g Salz

Für den Hauptteig alle Zutaten, außer Olivenöl und Salz, mit einer Küchen-/Knetmaschine mit geringer Stufe 10 Minuten kneten. Dabei zunächst mit der geringeren Wassermenge beginnen. Danach das Olivenöl und Salz hinzufügen, alles bei höherer Stufe 5–8 Minuten zu einem glatten Teig auskneten und nach Bedarf noch das restliche Wasser hinzufügen.
Teiggewicht: ca. 750 g
Teigtemperatur nach dem Kneten: ca. 24–26 °C

AM BACKTAG

8.00 Uhr	8.10 Uhr	10.30 Uhr	12.00 Uhr	13.30 Uhr	13.40 Uhr
Mehlkochstück zubereiten	*Sauerteig ansetzen*	*Hauptteig zubereiten*	*dehnen und falten*	*formen*	*Backofen vorheizen*

AUSSERDEM

neutrales Pflanzenöl für die Schüssel/Teigwanne
Mehl (z. B. Hartweizenmehl) zum Arbeiten

Stockgare

Den Teig in einer leicht geölten Schüssel oder Teigwanne bei Raumtemperatur abgedeckt etwa **2,5–3 Stunden** bis zur guten Verdopplung reifen lassen, dabei nach 1 Stunde dehnen und falten. (Ein rechteckiges Gefäß, wie beispielsweise eine Teigwanne, erleichtert später ein gleichmäßiges Abstechen von rechteckigen Teiglingen.)

Formen

Den reifen Teig auf die bemehlte Arbeitsfläche stürzen und die Oberseite dünn mit Mehl (beispielsweise Hartweizenmehl) bestreuen. Den Teig auf etwa 30 × 30 cm ausziehen. Dann davon 20 Teiglinge von etwa 3 cm Breite und 15 cm Länge abstechen. Die Teiglinge auf einem mit Backpapier oder Dauerbackfolie ausgelegten Blech verteilen.

Stückgare

Die Teiglinge abgedeckt etwa **30–40 Minuten** reifen lassen.

FÜR DEN BELAG

60 g Olivenöl
2 EL fein geriebener Parmesan
2 TL Semmelbrösel
1 TL Knoblauchgranulat
1 TL Zwiebelgranulat
1 TL getrockneter Oregano
¼ TL Salz
¼ TL Chilipulver
2 Prisen frisch gemahlener schwarzer Pfeffer

Die Zutaten vermischen und den Belag nach der Stückgare auf den Teiglingen verteilen.

Backen

Den Backofen rechtzeitig vor dem Einschießen auf 230 °C Heißluft/Umluft vorheizen.

Die Brotstangen einschießen und sofort schwaden. Bei 230 °C Heißluft/Umluft insgesamt **12–15 Minuten** backen, dabei nach 5 Minuten den Dampf ablassen. Sollten die Brotstangen zu stark bräunen, die Temperatur auf 210 °C reduzieren.

Nach dem Backen die Brotstangen auf einem Rost auskühlen lassen und dann servieren.

14.00 Uhr
Belag zubereiten + auf Teiglinge streichen

14.10 Uhr
backen

14.25 Uhr
aus dem Ofen nehmen

Für 1 Blech | Roggenanstellgut

SAUER TEIG RESTE

KÜRBIS-KÄSE-KNÄCKE

Das herzhaft-würzige Vollkorn-Knäckebrot ist einfach in der Zubereitung und ideal als gesunder Snack und zum Knabbern für zwischendurch.

GESAMTZEIT	ZUBEREITUNGSZEIT	REIFEZEIT	BACKZEIT
4,5–5 Stunden	20 Minuten	3–4 Stunden	60–80 Minuten

FÜR DEN TEIG

200 g warmes Wasser (40 °C)
150 g Roggenanstellgut
3 g Frischhefe
10 g Rübensirup
60 g Kürbiskerne
120 g Roggenvollkornmehl
50 g zarte Haferflocken
25 g geschroteter Leinsamen
20 g weißer Sesam, geröstet
5 g Salz
10 g Kürbiskern- oder Olivenöl

Für den Teig das Wasser, Roggenanstellgut, die Frischhefe und den Rübensirup verrühren. Die Kürbiskerne grob hacken. Alles mit den restlichen Zutaten gründlich mischen. Den Teig möglichst dünn und gleichmäßig auf ein mit Backpapier oder Dauerbackfolie ausgelegtes Blech streichen. Unbedeckt bei Raumtemperatur **3–4 Stunden** quellen lassen.

FÜR DAS TOPPING

120 g Gouda
Kürbiskerne zum Bestreuen

Für das Topping den Käse reiben.

Backen

Den Backofen rechtzeitig vor dem Einschießen auf 150 °C Heißluft/Umluft vorheizen.

Das Knäckebrot bei 150 °C Heißluft/Umluft insgesamt etwa **60–80 Minuten** backen: dabei hin und wieder die Backofentür öffnen, um überschüssige Feuchtigkeit abzulassen. Nach 15 Minuten Backzeit den Teig auf die gewünschte Größe zuschneiden (beispielsweise mit einem Pizzaroller). Nach weiteren 15 Minuten (also nach 30 Minuten Backzeit) zuerst den geriebenen Käse als Topping gleichmäßig auf den Teig streuen und danach die Kürbiskerne.

Das Knäcke ist fertig, wenn der Teig richtig durchgebacken und trocken ist. Dann das Knäcke abkühlen lassen und entweder gleich servieren oder luftdicht verschlossen aufbewahren.

Für 60 Stück | Lievito Madre

TARALLI PUGLIESI

Taralli Pugliesi sind eine pikante Knabberei, die besonders in Süditalien weit verbreitet ist – krosse Knusperkringel mit mediterranem Flair.

GESAMTZEIT	ZUBEREITUNGSZEIT	RUHEZEIT	BACKZEIT
8,5–9 Stunden	*1 Stunde*	*7–7,5 Stunden*	*35–40 Minuten*

FÜR DEN TEIG

1 TL Fenchelsamen
175–200 g trockener Weißwein
75 g Lievito-Madre-Anstellgut
450 g Weizenmehl Type 550
125 g Olivenöl
15 g Salz

Die Fenchelsamen in einem Mörser zerstoßen. Mit den übrigen Zutaten in 5–8 Minuten zu einem glatten Teig kneten, dabei zunächst mit der geringeren Menge Weißwein beginnen und nach Bedarf noch so viel Weißwein mit einkneten, bis ein kompakter und geschmeidiger Teig entsteht. Den Teig abgedeckt im Kühlschrank **30–60 Minuten** ruhen lassen. (Teiggewicht: ca. 840 g)

Formen

Den Teig in Teigstücke von je etwa 10 g teilen. Jedes Teigstück zu einem etwa 10 cm langen Strang rollen. Diesen jeweils um zwei Finger wickeln, sodass sich ein Kringel bildet. Die Enden leicht festdrücken und den Kringel auf ein Küchentuch legen.

Kochen

Wasser in einem großen Topf aufkochen und danach die Temperatur reduzieren. Die Teigkringel portionsweise hineingeben und im heißen, nicht kochenden Wasser ziehen lassen. Sobald sie an der Oberfläche schwimmen, mit einer Schaumkelle herausnehmen und auf einem sauberen Küchentuch abtropfen lassen.

Trocknen

Die gekochten und abgetropften Taralli auf zwei mit Backpapier oder Dauerbackfolie ausgelegten Backblechen verteilen und mit einem Küchentuch abdecken. Mindestens **6 Stunden** trocknen lassen.

Backen

Den Backofen auf 180 °C Heißluft/Umluft vorheizen.
Die Taralli im vorgeheizten Backofen in etwa **35–40 Minuten** goldbraun backen. Sie sind fertig, wenn der Teig richtig durchgebacken und trocken ist; so werden die Taralli mürbe und knusprig.

Die Taralli abkühlen lassen und entweder gleich servieren oder luftdicht verschlossen aufbewahren

TIPP

Zum Variieren: statt Fenchelsamen nach Belieben getrockneten Anis, Rosmarin, Pfeffer, Knoblauch oder Chili an den Teig geben. Und/oder nach dem Kochen die Taralli in weißem Sesam wälzen.

Für 30 Stück | Lievito Madre

SAUER TEIG RESTE

GRISSINI

Grissini – der knusprig-herzhafte Snack zum Knabbern ist ein wahrer Fingerfood-Klassiker aus Italien.

GESAMTZEIT	ZUBEREITUNGSZEIT	REIFEZEIT	ZEIT AM BACKTAG
3,5–4 Stunden	*45 Minuten*	*2,5–3 Stunden (Teig, gesamt)*	*3,5–4 Stunden*

FÜR DEN TEIG

200 g Wasser
150 g Lievito-Madre-Anstellgut
3 g Frischhefe
200 g Weizenmehl Type 550
100 g Hartweizenmehl (Semola rimacinata)
20 g Olivenöl
8–10 g Salz

AUSSERDEM

neutrales Pflanzenöl für die Schüssel
Mehl zum Arbeiten

Für den Teig alle Zutaten, außer Olivenöl und Salz, mit einer Küchen-/Knetmaschine mit geringer Stufe 5–8 Minuten kneten. Danach das Olivenöl und Salz hinzufügen und alles bei höherer Stufe 5–8 Minuten zu einem glatten Teig auskneten. Der Teig sollte kompakt, aber geschmeidig sein. (Teiggewicht: ca. 680 g)

Stockgare

Den Teig in einer leicht geölten Schüssel abgedeckt bei Raumtemperatur **1,5–2 Stunden** reifen lassen, bis sich das Volumen knapp verdoppelt hat.

Formen

Den Teig auf der leicht bemehlten Arbeitsfläche in Teigstücke von jeweils 20–25 g (maximal) teilen. Danach zu länglichen Teigsträngen von etwa 35 cm rollen. Sollten sich die Teigstränge dabei wieder zusammenziehen, **10–15 Minuten** ruhen lassen und danach erneut ausrollen.

Stückgare

Die Teigstränge auf zwei mit Backpapier oder Dauerbackfolie ausgelegten Blechen verteilen. Mit einem Küchentuch abgedeckt bei Raumtemperatur etwa **1 Stunde** reifen lassen.

Backen

Den Backofen rechtzeitig vor dem Einschießen auf 220 °C Heißluft/Umluft vorheizen. (Bei Ober-/Unterhitze beträgt die Backtemperatur etwa 240 °C, die Bleche dann nacheinander backen.)

Die Grissini bei 220 °C Heißluft/Umluft **10–15 Minuten** backen. Sie sind fertig, wenn der Teig richtig durchgebacken und trocken ist; so werden die Grissini mürbe und knusprig.
Die Grissini abkühlen lassen und entweder gleich servieren oder luftdicht verschlossen aufbewahren.

Für 2 Bleche | Weizenanstellgut

KNUSPER-CRACKER

Diese einfachen und knusprigen Cracker zum Knabbern können mit verschiedenen Toppings immer wieder neu variiert werden.

GESAMTZEIT	ZUBEREITUNGSZEIT	RUHEZEIT
1–1,5 Stunden	*20 Minuten*	*30–60 Minuten*

FÜR DEN TEIG

225 g Weizenmehl Type 550
150 g Weizenanstellgut
75 g lauwarmes Wasser
25 g Olivenöl
5 g Salz

Für den Teig alle Zutaten zu einem glatten Teig verkneten und abgedeckt bei Raumtemperatur **30–60 Minuten** ruhen lassen.

Anschließend den Teig halbieren und je auf einem Bogen Backpapier oder Dauerbackfolie möglichst dünn und gleichmäßig auf etwa 1 mm Stärke ausrollen. Sollten sich der Teig dabei wieder zusammenziehen, **10–15 Minuten** ruhen lassen und danach erneut ausrollen.

FÜR DIE SAUERTEIGSTREICHE

30 g Weizenanstellgut
20 g Wasser

FÜR DAS TOPPING

Fleur de Sel zum Bestreuen
weißer Sesam zum Bestreuen
schwarzer Sesam zum Bestreuen

Für die Sauerteigstreiche das Weizenanstellgut und Wasser gründlich mischen und den Teig damit dünn einstreichen. Dann mit Fleur de Sel und Sesam als Topping bestreuen. Anschließend den Teig mit einem Pizzaroller in Rauten oder Quadrate von etwa 4 cm Kantenlänge schneiden.

Backen

Den Backofen rechtzeitig vor dem Einschießen auf 250 °C Heißluft/Umluft vorheizen.

Die Cracker im vorgeheizten Backofen bei 250 °C Heißluft/Umluft etwa **8–12 Minuten** mit Sichtkontakt kross ausbacken. Sie sind fertig, wenn sie richtig trocken sind.

Die Cracker abkühlen lassen und entweder gleich servieren oder luftdicht verschlossen aufbewahren.

VARIATIONEN FÜR DAS TOPPING NACH BELIEBEN

frisch gemahlener schwarzer Pfeffer
1 TL getrockneter Oregano
1 TL Chilipulver
4 EL geriebener Parmesan

SAUER TEIG RESTE

Für 1 Blech | Roggenanstellgut

ASIA-STYLE-CRACKER

Für den Asia Style sorgen bei diesen einfachen und knusprigen Crackern aus Dinkelmehl viel Sesam und Sojasauce.

GESAMTZEIT	ZUBEREITUNGSZEIT	RUHEZEIT
50–80 Minuten	*20 Minuten*	*30–60 Minuten*

FÜR DEN TEIG

100 g Roggenanstellgut
50 g Dinkelvollkornmehl
50 g Dinkelmehl Type 630
15 g geröstetes Sesamöl
20 g Sojasauce (Tamari oder Shoyu)
25 g weißer Sesam, geröstet
5 g schwarzer Sesam
1 Prise Salz

Alle Zutaten zu einem glatten Teig verkneten. Abgedeckt bei Raumtemperatur **30–60 Minuten** ruhen lassen. Den Backofen rechtzeitig vor dem Einschießen auf 160 °C Heißluft/Umluft vorheizen.

Nach der Ruhezeit den Teig auf einem Bogen Backpapier oder Dauerbackfolie möglichst dünn und gleichmäßig auf etwa 1 mm Stärke ausrollen. Dann mit einem Pizzaroller in Rauten oder Quadrate von etwa 4 cm Kantenlänge schneiden.

Backen

Die Cracker im unteren Drittel des vorgeheizten Backofens bei 160 °C Heißluft/Umluft etwa **15 Minuten** mit Sichtkontakt backen. Sie sind fertig, wenn sie richtig trocken sind.

Anschließend die Cracker abkühlen lassen und entweder gleich servieren oder luftdicht verschlossen aufbewahren.

SÜSSES GEBÄCK

Für 12 Stück | Lievito Madre

SCHWEDISCHE ZIMTSCHNECKEN

Diese Hefeschnecken mit langer Teigführung und einer Butter-Zimtzucker-Füllung sind wunderbar fluffig – ganz nach dem Vorbild des schwedischen Klassikers Kanelbullar. *(Bild siehe Seite 134.)*

GESAMTZEIT	ZUBEREITUNGSZEIT	REIFEZEIT	ZEIT AM BACKTAG
16,5–22 Stunden	*50 Minuten*	*2–4 Stunden (Sauerteig) + 13,5–17 Stunden (Teig, gesamt)*	*3–4,5 Stunden*

FÜR DEN LIEVITO MADRE

- 30 g Lievito-Madre-Anstellgut
- 15 g warmes Wasser (40 °C)
- 30 g Weizenmehl Type 550

Das Lievito-Madre-Anstellgut mit dem Wasser schaumig aufschlagen. Dann mit dem Mehl verkneten. Den Lievito Madre bei 26–30 °C abgedeckt **2–4 Stunden** bis zur guten Verdopplung reifen lassen.

FÜR DEN HAUPTTEIG

- 250–280 g kalte Vollmilch
- reifer Lievito Madre
- 5 g Frischhefe
- 1 kaltes Ei (Größe M)
- 60 g Zucker
- 10 g Bourbonvanillezucker
- 1 Msp. gemahlener Kardamom (optional)
- 450 g Weizenmehl Type 550
- 5 g Salz
- 70 g kühle Butter

Alle Zutaten für den Hauptteig, außer Salz und Butter, mit einer Küchen-/Knetmaschine mit geringer Stufe 10 Minuten kneten. Dabei zunächst mit der geringeren Menge Vollmilch beginnen. Dann mit höherer Stufe 5–8 Minuten auskneten, dabei das Salz und portionsweise die Butter sowie nach Bedarf noch bis zu 30 g Vollmilch mit einkneten.
Teiggewicht: ca. 1000 g
Teigtemperatur nach dem Kneten: 24–26 °C

AM VORTAG

- *18.00 Uhr* – *Lievito Madre ansetzen*
- *20.30 Uhr* – *Hauptteig zubereiten*
- *22.00 Uhr* – *in den Kühlschrank geben*

AM BACKTAG

- *10.00 Uhr* – *aus dem Kühlschrank nehmen*
- *11.30 Uhr* – *formen und füllen*
- *13.00 Uhr* – *Backofen vorheizen*

AUSSERDEM

neutrales Pflanzenöl für die Schüssel/Teigwanne
Mehl zum Arbeiten

Stockgare

Den Teig abgedeckt in einer leicht geölten Schüssel oder Teigwanne bei Raumtemperatur etwa **1 Stunde** anspringen lassen. Danach für **10–12 Stunden** in den Kühlschrank bei 5–6 °C geben. Anschließend bei Raumtemperatur **1–2 Stunden** akklimatisieren lassen.

Formen und Füllen

Den akklimatisierten Teig auf die leicht bemehlte Arbeitsfläche geben und vorsichtig zu einem Rechteck von etwa 30 × 40 cm bis 40 × 50 cm ausrollen. Dabei möglichst nicht zu viel Druck ausüben.

FÜR DIE FÜLLUNG

90 g sehr weiche Butter
60 g brauner Rohrzucker
1 EL Zimtpulver (Ceylon-Zimt)
1 Msp. gemahlener Kardamom

Die weiche Butter gleichmäßig auf dem ausgerollten Teig verteilen, dabei ringsum einen Rand von etwa 2 cm frei lassen. Den Rohrzucker mit dem Zimt und Kardamom mischen und auf die Butter streuen.

Den Teig von der langen Seite her aufrollen und in zwölf gleich große Stücke schneiden. Diese auf zwei mit Backpapier oder Dauerbackfolie ausgelegten Blechen verteilen.

Stückgare

Die Teigstücke abgedeckt bei Raumtemperatur etwa **1,5–2 Stunden** reifen lassen.

FÜR DIE EISTREICHE UND DAS TOPPING

1 Ei
1 Prise Zucker
1 Prise Salz
Hagelzucker zum Bestreuen

Danach für die Eistreiche das Ei mit dem Salz und Zucker verquirlen, durch ein Sieb streichen und die Schnecken damit einstreichen. Abschließend mit dem Hagelzucker als Topping bestreuen.

Backen

Den Backofen rechtzeitig auf 180 °C Ober-/Unterhitze vorheizen.

Die Zimtschnecken nacheinander im unteren Drittel des Backofens bei 180 °C Ober-/Unterhitze in etwa **15–20 Minuten** goldbraun backen. (Bei 160 °C Heißluft/Umluft können beide Bleche gleichzeitig gebacken werden.) Vor dem Servieren mindestens lauwarm abkühlen lassen.

13.30 Uhr
Eistreiche auftragen + backen

13.50 Uhr
aus dem Ofen nehmen

Schwedische Zimtschnecken (Seite 132)

Zwetschgendatschi mit Streusel (Seite 136)

SAUER TEIG RESTE

Für 1 Blech | Weizenanstellgut

ZWETSCHGENDATSCHI MIT STREUSEL

Dieser saftige Kuchen vom Blech mit Zimtstreuseln kann auch variiert werden: statt Zwetschen ganz einfach andere Früchte verwenden. *(Bild siehe Seite 135.)*

GESAMTZEIT	ZUBEREITUNGSZEIT	REIFEZEIT	BACKZEIT
6–7,5 Stunden	*50 Minuten*	*5–6 Stunden (Teig, gesamt)*	*30–40 Minuten*

FÜR DEN HAUPTTEIG

200 g kalte Vollmilch
60 g kalte flüssige Sahne
100 g kaltes Weizenanstellgut
8 g Frischhefe
60 g Zucker
10 g Bourbonvanillezucker
1 Ei (Größe M)
450 g Weizenmehl Type 550
5 g Salz
60 g kühle Butter

Alle Zutaten für den Hauptteig, außer Salz und Butter, mit einer Küchen-/Knetmaschine mit geringer Stufe 10 Minuten kneten. Dann mit höherer Stufe 5–8 Minuten auskneten, dabei das Salz und portionsweise die Butter mit einkneten.
Teiggewicht: ca. 1000 g
Teigtemperatur nach dem Kneten: 24–26 °C

FÜR DEN STREUSELTEIG

250 g Weizenmehl Type 405
150 g kalte Butter
90 g Zucker
10 g Bourbonvanillezucker
½ TL Zimtpulver
1 Prise geriebene Tonkabohne (optional)
1 Prise Salz

Alle Zutaten kurz miteinander verkneten, bis ein krümeliger Teig entsteht. Den Streuselteig bis zur weiteren Verarbeitung abgedeckt in den Kühlschrank geben.

AM BACKTAG

8.00 Uhr	8.30 Uhr	12.00 Uhr	13.30 Uhr	14.00 Uhr	14.35 Uhr
Hauptteig zubereiten	*Streuselteig zubereiten*	*formen + Stückgare*	*Backofen vorheizen*	*belegen und backen*	*aus dem Ofen nehmen*

AUSSERDEM

neutrales Pflanzenöl für die Schüssel/Teigwanne
Mehl zum Arbeiten
Fett für das Blech (optional)

Stockgare

Den Hauptteig in einer leicht geölten Schüssel oder Teigwanne bei Raumtemperatur abgedeckt **3–4 Stunden** bis zur guten Verdopplung reifen lassen.

Formen

Den Hauptteig optional auf ein eingefettetes oder mit Backpapier ausgelegtes tiefes Backblech geben. Schonend mit den Händen zu einem Rechteck ausziehen. (Alternativ kann der Teig auch vorsichtig ausgerollt werden.)

Stückgare

Den Teig abgedeckt bei Raumtemperatur etwa **2 Stunden** reifen lassen.

FÜR DEN BELAG

2 kg Zwetschgen
30–50 g Zucker (je nach Süße der Zwetschgen)
½ TL Zimtpulver

Die Zwetschgen waschen, entkernen und halbieren oder vierteln. Danach gleichmäßig auf dem Teig verteilen. Den Zucker und den Zimt mischen und darüberstreuen.

Zuletzt den Streuselteig gleichmäßig über den Zwetschgen zerkrümeln.

Backen

Den Backofen rechtzeitig vor dem Einschießen auf 160 °C Heißluft/Umluft vorheizen.

Den Zwetschgendatschi im unteren Drittel des Backofens bei 160 °C Heißluft/Umluft **30–40 Minuten** backen.

Vor dem Servieren mindestens lauwarm abkühlen lassen.

TIPP

Mit aufgefrischtem oder sehr aktivem Weizensauerteig kann die Hefemenge auf 6 g reduziert werden.

BLAUBEER-QUARK-TALER

Diese Taler sind herrlich saftig: ein Gebäck aus Feinteig ohne Hefe mit einer fruchtigen Füllung aus Quark und Blaubeeren.

GESAMTZEIT	ZUBEREITUNGSZEIT	REIFEZEIT	ZEIT AM BACKTAG
7,5–9,5 Stunden	1 Stunde	2–4 Stunden (Sauerteig) + 4,5 Stunden (Teig, gesamt)	7,5–9,5 Stunden

FÜR DEN LIEVITO MADRE

60 g Lievito-Madre-Anstellgut (es sollte sehr aktiv und die letzte Auffrischung maximal 12 Stunden her sein; sonst besser vorher noch einmal auffrischen)
40 g warme Vollmilch (40 °C)
60 g Weizenmehl Type 550

Das Lievito-Madre-Anstellgut mit der Vollmilch schaumig aufschlagen. Danach mit dem Mehl verkneten. Den Lievito Madre bei 26–30 °C abgedeckt **2–4 Stunden** bis zur guten Verdopplung reifen lassen.

FÜR DEN HAUPTTEIG

250 g kalte Vollmilch
reifer Lievito Madre
60 g Zucker
10 g Bourbonvanillezucker
1 kaltes Ei (Gr. M)
400 g Weizenmehl Type 550
5 g Salz
80 g kühle Butter

Alle Zutaten für den Hauptteig, außer Salz und Butter, mit einer Küchen-/Knetmaschine mit geringer Stufe 10 Minuten kneten. Dann mit höherer Stufe 5–8 Minuten auskneten, dabei das Salz und portionsweise die Butter mit einkneten.
Teiggewicht: ca. 1010 g
Teigtemperatur nach dem Kneten: 24–26 °C

AM BACKTAG

8.00 Uhr Lievito Madre ansetzen
10.00 Uhr Hauptteig zubereiten
12.30 Uhr formen + Stückgare
14.30 Uhr Backofen vorheizen
15.00 Uhr füllen und backen
15.15 Uhr aus dem Ofen nehmen

AUSSERDEM

neutrales Pflanzenöl für die Schüssel/Teigwanne
flüssige Sahne zum Bestreichen

Stockgare

Den Teig in einer leicht geölten Schüssel oder Teigwanne bei 25–27 °C abgedeckt etwa **2 Stunden** bis zur guten Verdopplung reifen lassen.

Formen

Den Teig in zehn Teile mit je etwa 100 g teilen. Die Teile vorsichtig rund wirken und **20–30 Minuten** entspannen lassen.

Danach die Teiglinge zu kleinen Fladen auseinanderziehen. Diese auf zwei mit Backpapier oder Dauerbackfolie ausgelegten Blechen verteilen.

Stückgare

Die Fladen abgedeckt bei Raumtemperatur etwa **2 Stunden** reifen lassen, dabei nach 1 Stunde noch mal vorsichtig auf 15–18 cm Durchmesser auseinanderziehen.

FÜR DIE FÜLLUNG

200 g frische Blaubeeren
200 g Speisequark (20 % Fett i. Tr.)
30 g Zucker
10 g Bourbonvanillezucker
½ TL Abrieb einer unbehandelten Zitrone
2 Eigelb
10 g Speisestärke

Die Blaubeeren waschen, verlesen und trockentupfen. Die restlichen Zutaten gründlich verrühren. Zuerst die Quark-Creme-Masse und danach die Blaubeeren mittig auf den Teigfladen verteilen, dabei einen Rand von mindestens 2 cm frei lassen.

Den äußeren Rand der Teiglinge mit etwas Sahne einstreichen.

Backen

Den Backofen rechtzeitig vor dem Einschießen auf 180 °C Ober-/Unterhitze vorheizen.

Die Taler nacheinander einschießen, sofort schwaden und jeweils im unteren Drittel des Backofens bei 180 °C Ober-/Unterhitze **15–20 Minuten** backen. Den Schwaden während der gesamten Backzeit nicht ablassen. (Bei 160 °C Heißluft/Umluft können die Taler auf beiden Bleche gleichzeitig gebacken werden.) Vor dem Servieren mindestens lauwarm abkühlen lassen.

Für 1 Kuchen (Kastenform, etwa 30 × 11 cm) | Weizenanstellgut

SAUERTEIG-BABKA

Diesen aromatischen Sauerteigkuchen mit langer Teigführung gibt's gleich in zwei Ausführungen: wahlweise mit einer fruchtigen Sauerkirsch-Füllung oder mit Nuss-Nougat-Creme.

GESAMTZEIT	ZUBEREITUNGSZEIT	REIFEZEIT	BACKZEIT
26–34 Stunden	*1 Stunde*	*6–9 Stunden (Sauerteig, gesamt) + 18–24 Stunden (Teig, gesamt)*	*30–40 Minuten*

FÜR DAS MEHLKOCHSTÜCK

80 g Milch
15 g Weizenmehl Type 550

Die Milch und das Weizenmehl in einem Topf mit einem Schneebesen klümpchenfrei verrühren. Langsam erhitzen und dabei weiterrühren. Nach wenigen Minuten beginnt die Masse puddingartig einzudicken. Anschließend umfüllen und einige Minuten abkühlen lassen. Danach das Mehlkochstück mit Frischhaltefolie abgedeckt für mindestens **2 Stunden** im Kühlschrank kalt stellen.

FÜR DEN SAUERTEIG STUFE 1

10 g Weizenanstellgut (es sollte sehr aktiv und die letzte Auffrischung maximal 12 Stunden her sein)
20 g warmes Wasser (40 °C)
20 g Weizenmehl Type 550

Das Weizenanstellgut mit dem warmen Wasser und dem Weizenmehl gründlich vermischen. Den Sauerteig bei 26–30 °C abgedeckt **4–6 Stunden** bis zur guten Verdopplung reifen lassen.

FÜR DEN SAUERTEIG STUFE 2

gesamter Sauerteig aus Stufe 1
50 g warmer Kaffee (40 °C)
50 g Weizenmehl Type 550

Den gesamten Sauerteig aus Stufe 1 mit dem warmen Kaffee und dem Weizenmehl gründlich vermischen. Den Sauerteig bei 26–30 °C abgedeckt **2–3 Stunden** bis zur guten Verdopplung reifen lassen.

AM VORTAG

9.00 Uhr	9.30 Uhr	13.00 Uhr	15.00 Uhr	16.30 Uhr	17.30 Uhr
Sauerteig Stufe 1 ansetzen	*Mehlkochstück zubereiten*	*Sauerteig Stufe 2 ansetzen*	*Hauptteig zubereiten*	*dehnen und falten*	*dehnen und falten*

FÜR DEN HAUPTTEIG

kaltes Mehlkochstück
reifer Sauerteig
150 g süße Sahne
1 kaltes Ei (Größe M)
50 g Zucker
10 g Bourbonvanillezucker
385 g Weizenmehl Type 550
30 g Backkakao
5 g Salz
20 g Vollmilch (nach Bedarf)

Alle Zutaten für den Hauptteig, außer Salz und Vollmilch, mit einer Küchen-/Knetmaschine mit geringer Stufe 10 Minuten kneten. Dann mit höherer Stufe 5–8 Minuten auskneten. Dabei das Salz und nach Bedarf noch bis zu 20 g Vollmilch mit einkneten.
Teiggewicht: ca. 940 g
Teigtemperatur nach dem Kneten: 24–26 °C

AUSSERDEM

neutrales Pflanzenöl für die Schüssel/Teigwanne
Fett für die Form
Mehl zum Arbeiten

Stockgare
Den Teig in einer leicht geölten Schüssel oder Teigwanne bei 26–28 °C abgedeckt etwa **4–5 Stunden** bis zur Verdopplung reifen lassen, dabei nach 1 Stunde und nach 2 Stunden dehnen und falten.

Formen und Füllen
Eine Kastenform gut einfetten. Den reifen Teig auf die leicht bemehlte Arbeitsfläche geben und vorsichtig zu einem Rechteck von etwa 40 × 40 cm ausziehen oder mit möglichst wenig Druck ausrollen.

FÜR DIE FÜLLUNG UND DAS TOPPING

350 g Sauerkirsch-Fruchtaufstrich (70 % Fruchtanteil) oder als Variante 250–300 g Nuss-Nougat-Creme
flüssige Sahne zum Bestreichen
Puderzucker zum Bestauben

Als Füllung den Sauerkirsch-Fruchtaufstrich oder als Variante die Nuss-Nougat-Creme gleichmäßig auf dem ausgerollten Teig verteilen, dabei ringsum einen Rand von etwa 2 cm frei lassen.

Die gefüllte Teigrolle mittig der Länge nach durchschneiden, dabei die Teigrolle zunächst am oberen Ende nicht durchtrennen, so hält sie nachher beim Verschlingen der Stränge besser zusammen. Die entstandenen Teigstränge kordelartig ineinander verdrehen und in die vorbereitete Kastenform geben.

20.00 Uhr formen und füllen + Stückgare

21.45 Uhr in den Kühlschrank geben

AM BACKTAG

12.00 Uhr aus dem Kühlschrank nehmen

13.40 Uhr Backofen vorheizen

14.10 Uhr mit Sahne einstreichen und backen

Stückgare

Den geformten Teig bei 26–28 °C etwa **60–80 Minuten** anspringen lassen (alternativ bei 22–24 °C in etwa 2 Stunden). Danach im Kühlschrank bei 6–8 °C **12–16 Stunden** reifen lassen. Anschließend bei Raumtemperatur **60–80 Minuten** akklimatisieren lassen.

Backen

Den Backofen rechtzeitig vor dem Einschießen auf 200 °C Ober-/Unterhitze vorheizen.

Den Teig mit etwas Sahne einstreichen. Danach einschießen, sofort schwaden und die Temperatur umgehend auf 180 °C reduzieren. Die Babka insgesamt etwa **30–40 Minuten** backen, dabei den Dampf während der gesamten Backzeit nicht ablassen und die Babka bei zu starker Bräunung rechtzeitig abdecken.

Nach dem Backen die Babka in der Kastenform etwa **5 Minuten** ruhen lassen, dann vorsichtig aus der Form nehmen und auf einem Rost mindestens lauwarm abkühlen lassen. Vor dem Servieren mit Puderzucker bestauben.

14.45 Uhr
aus dem Ofen nehmen

14.50 Uhr
aus der Form nehmen

HEFEZOPF MIT MILCHSAUERTEIG

Der Klassiker aus süßem, geflochtenem Hefeteig wird hier in einer Variante zubereitet: mit wenig Hefe und mildem Sauerteig sowie langer Teigführung im Kühlschrank. *(Bild siehe Seite 148.)*

GESAMTZEIT	ZUBEREITUNGSZEIT	REIFEZEIT	ZEIT AM BACKTAG
18–23 Stunden	*1 Stunde*	*2–4 Stunden (Sauerteig) + 15–18 (Teig, gesamt)*	*30 Minuten*

FÜR DEN MILCHSAUERTEIG

50 g Weizenanstellgut
50 g warme Vollmilch (40 °C)
50 g Weizenmehl Type 550

Das Weizenanstellgut in der Vollmilch auflösen und danach gründlich mit dem Weizenmehl mischen. Den Milchsauerteig bei 26–30 °C abgedeckt **2–4 Stunden** bis zur guten Verdopplung reifen lassen.

FÜR DAS MEHLKOCHSTÜCK

100 g Vollmilch
20 g Weizenmehl Type 550

Die Vollmilch und das Mehl in einem Topf mit einem Schneebesen klümpchenfrei verrühren. Langsam erhitzen und dabei weiterrühren. Nach wenigen Minuten beginnt die Masse puddingartig einzudicken. Anschließend umfüllen und einige Minuten abkühlen lassen. Danach das Mehlkochstück mit Frischhaltefolie abgedeckt für mindestens **2 Stunden** im Kühlschrank kalt stellen.

FÜR DEN HAUPTTEIG

Mehlkochstück
reifer Milchsauerteig
100 g kalte Vollmilch
5 g Frischhefe
1 Ei (Größe M)
1 Eigelb
70 g Zucker
10 g Bourbonvanillezucker
1 TL Abrieb einer unbehandelten Zitrone
400 g Weizenmehl Type 550
5 g Salz
70 g kalte Butter

Alle Zutaten für den Hauptteig, außer Salz und Butter, mit einer Küchen-/Knetmaschine mit geringer Stufe 10 Minuten kneten. Dann mit höherer Stufe 5–8 Minuten auskneten, dabei Salz und portionsweise die Butter mit einkneten.
Teiggewicht: ca. 990 g
Teigtemperatur nach dem Kneten: 24–26 °C

AM VORTAG

13.30 Uhr	*13.40 Uhr*	*16.00 Uhr*	*17.30 Uhr*	*19.30 Uhr*	*19.45 Uhr*
Milchsauerteig ansetzen	*Mehlkochstück zubereiten*	*Hauptteig zubereiten*	*dehnen und falten*	*abwiegen und rund schleifen*	*vorformen*

AUSSERDEM

neutrales Pflanzenöl für die Schüssel/Teigwanne

Stockgare

Den Teig in einer leicht geölten Schüssel oder Teigwanne bei Raumtemperatur abgedeckt etwa **3–4 Stunden** bis zur Verdopplung reifen lassen, dabei nach 1 Stunde dehnen und falten.

Formen

Den Teig in sechs Teiglinge von etwa 165–170 g teilen. Diese mit Spannung rund schleifen und mit Teigschluss nach unten abgedeckt **15 Minuten** entspannen lassen. Danach umdrehen und jeweils zu einem Zylinder einschlagen und zu einem Strang von etwa 15 cm rollen. Erneut abgedeckt etwa **15 Minuten** entspannen lassen. Anschließend die Teiglinge zu Strängen von etwa 35 cm Länge rollen. Jeweils drei Teigstränge zu einem Zopf flechten.

Stückgare

Die Zöpfe abgedeckt bei Raumtemperatur **1,5 Stunden** anspringen lassen. Danach bei 5–6 °C im Kühlschrank **10–12 Stunden** reifen lassen. Anschließend etwa **20 Minuten** akklimatisieren lassen.

FÜR DIE EISTREICHE UND DAS TOPPING

1 Eiweiß
1 Prise Salz
1 Prise Zucker
Hagelzucker zum Bestreuen
Mandelblättchen zum Bestreuen

Für die Eistreiche das Eiweiß mit dem Salz und Zucker verquirlen, durch ein Sieb streichen und die Zöpfe damit einstreichen. Zuletzt mit Hagelzucker und Mandelblättchen als Topping bestreuen.

Backen

Den Backofen rechtzeitig vor dem Einschießen auf 200 °C Ober-/Unterhitze vorheizen.

Die Zöpfe einschießen, sofort wenig schwaden und die Temperatur auf 170 °C Ober-/Unterhitze reduzieren. Die Hefezöpfe in insgesamt **25–30 Minuten** goldgelb ausbacken, dabei den Schwaden während der gesamten Backzeit nicht ablassen und die Zöpfe rechtzeitig abdecken, sollte sie zu stark bräunen.

Vor dem Servieren mindestens lauwarm abkühlen lassen.

20.00 Uhr – *flechten*
21.30 Uhr – *in den Kühlschrank geben*

AM BACKTAG

8.00 Uhr – *Backofen vorheizen + Hefezöpfe aus dem Kühlschrank nehmen*
8.20 Uhr – *Eistreiche auftragen + backen*
8.45 Uhr – *aus dem Ofen nehmen*

Hefezopf mit Milchsauerteig (Seite 146)

Buchteln (Seite 150)

Für 12 Stück (Ofenform, etwa 30 × 20 cm) | Lievito Madre

BUCHTELN (ROHRNUDELN)

Die süßen Hefeknödel mit einer Füllung aus Marillenkonfitüre werden gerne mit Vanillesauce oder Kompott serviert. (Bild siehe Seite 149.)

GESAMTZEIT	ZUBEREITUNGSZEIT	REIFEZEIT	ZEIT AM BACKTAG
18–23 Stunden	*1 Stunde*	*2–4 Stunden (Sauerteig) + 15–18 Stunden (Teig, gesamt)*	*60–70 Minuten*

FÜR DEN LIEVITO MADRE

20 g warme Vollmilch (40 °C)
30 g Lievito-Madre-Anstellgut
30 g Weizenmehl Type 550

Das Lievito-Madre-Anstellgut mit der Milch schaumig aufschlagen. Danach mit dem Mehl verkneten. Den Lievito Madre bei 26–30 °C abgedeckt **2–4 Stunden** bis zur guten Verdopplung reifen lassen.

FÜR DEN HAUPTTEIG

260 g kalte Vollmilch
reifer Lievito Madre
5 g Frischhefe
40 g Zucker
10 g Bourbonvanillezucker
1 TL Abrieb einer unbehandelten Zitrone
4 Eigelb
450 g Weizenmehl Type 550
5 g Salz
75 g kühle Butter

Alle Zutaten für den Hauptteig, außer Salz und Butter, mit einer Küchen-/Knetmaschine mit geringer Stufe 10 Minuten kneten. Dann mit höherer Stufe 5–8 Minuten auskneten. Dabei Salz und portionsweise die Butter mit einkneten.
Teiggewicht: ca. 980 g
Teigtemperatur nach dem Kneten: 24–26 °C

AM VORTAG

14.00 Uhr	16.30 Uhr	20.30 Uhr	20.50 Uhr	22.00 Uhr
Lievito Madre ansetzen	*Hauptteig zubereiten*	*formen*	*füllen + mit Sahne einstreichen*	*in den Kühlschrank geben*

AUSSERDEM

neutrales Pflanzenöl für die Schüssel/Teigwanne
Butter für die Form

FÜR DIE FÜLLUNG UND DAS TOPPING

250 g Marillenkonfitüre
flüssige Sahne zum Einstreichen
Puderzucker zum Bestauben (optional)

TIPP

Mit dem Rezept können auch Germknödel zubereitet werden. Dazu wird der Teig statt mit Marillenkonfitüre mit Pflaumenmus (Powidl) gefüllt und die geformten Teiglinge werden nach der Stückgare gedämpft statt gebacken. Danach die Germknödel mit gemahlenem Mohn, Puderzucker und geschmolzener Butter oder Vanillesauce servieren.

Stockgare

Den Teig in einer leicht geölten Schüssel oder Teigwanne bei Raumtemperatur abgedeckt etwa **3–4 Stunden** bis zur guten Verdopplung reifen lassen.

Formen und Füllen

Den reifen Teig in zwölf Teiglinge mit je etwa 80 g teilen und vorsichtig rund wirken. Mit dem Teigschluss nach unten abgedeckt **15–20 Minuten** entspannen lassen. (Den Teig mit möglichst wenig oder ganz ohne Mehl aufarbeiten, damit der Teigschluss später gut zusammenhält.)

Danach die Teiglinge umdrehen, vorsichtig flach drücken und jeweils eine walnussgroßen Menge Marillenkonfitüre in die Mitte setzen. Die Teiglinge um die Füllung herum verschließen und den Teigschluss sehr gut zusammendrücken.

Die Teiglinge mit dem Schluss nach unten in eine gebutterte Ofenform setzen und mit etwas Sahne einstreichen.

Stückgare

Die Teiglinge abgedeckt **1 Stunde** bei Raumtemperatur anspringen lassen. Anschließend **10–12 Stunden** im Kühlschrank bei 5–6 °C reifen lassen. Danach erneut mit etwas Sahne einstreichen und **30 Minuten** akklimatisieren lassen.

Backen

Den Backofen rechtzeitig vor dem Einschießen auf 200 °C Ober-/Unterhitze vorheizen.

Die Buchteln einschießen, sofort wenig schwaden und die Temperatur auf 170 °C Ober-/Unterhitze reduzieren. In insgesamt **30–40 Minuten** goldbraun ausbacken, dabei den Schwaden während der gesamten Backzeit nicht ablassen. Sollten die Buchteln während des Backens zu stark bräunen, rechtzeitig abdecken.

Dann mindestens lauwarm abkühlen lassen. Nach Belieben vor dem Servieren mit Puderzucker bestauben.

AM BACKTAG

8.30 Uhr
aus dem Kühlschrank nehmen + Backofen vorheizen

9.00 Uhr
backen

9.35 Uhr
aus dem Ofen nehmen

Für 1 Kuchen (Springform, Ø 26 cm) | Weizenanstellgut

FERMENTIERTER APFELKUCHEN

Das Besondere an diesem einfachen und saftigen Apfelkuchen mit Mandeln: Das gesamte Mehl wird vorher in einem Milchsauerteig fermentiert.

GESAMTZEIT	ZUBEREITUNGSZEIT	REIFEZEIT	BACKZEIT
4–6 Stunden	*30 Minuten*	*3–5 Stunden (Sauerteig)*	*40 Minuten*

FÜR DEN MILCHSAUERTEIG

80 g Weizenanstellgut
200 g lauwarme Vollmilch (40 °C)
200 g Weizenmehl Type 405

Das Sauerteiganstellgut in der Vollmilch auflösen und danach gründlich mit dem Weizenmehl mischen. Den Milchsauerteig bei 28–30 °C abgedeckt **3–5 Stunden** bis zur guten Verdopplung reifen lassen.

Den Backofen auf 180 °C Ober-/Unterhitze vorheizen. Eine Springform mit Backpapier auslegen.

FÜR DEN BELAG

4 Äpfel (z. B. Sorte Boskop)
1 TL Zitronensaft

Für den Belag die Äpfel schälen, entkernen und würfeln (etwa 1,5–2 cm Kantenlänge). Mit dem Zitronensaft mischen und beiseitestellen.

FÜR DEN HAUPTTEIG

90 g weiche Butter
1 Prise Salz
120 g Zucker
10 g Bourbonvanillezucker
2 TL Abrieb einer unbehandelten Zitrone
3 Eier (Größe M)
reifer Milchsauerteig
1 TL Backpulver

Für den Hauptteig die Butter mit dem Salz, Zucker und Bourbonvanillezucker weiß-cremig aufschlagen. Die Zitronenabrieb und nacheinander die Eier zugeben und gut unterrühren. Danach den reifen Milchsauerteig und das Backpulver kurz unterheben.

AUSSERDEM

2 EL Zimtzucker
40 g Mandelblättchen
Puderzucker zum Bestreuen

Den Teig gleichmäßig in der vorbereiteten Springform verteilen. Die gewürfelten Äpfel auf den Teig geben. Zuletzt mit dem Zimtzucker und dann mit den Mandelblättchen bestreuen.

Backen

Den Apfelkuchen im unteren Drittel des vorgeheizten Backofens bei 180 °C Ober-/Unterhitze etwa **50 Minuten** backen. Anschließend in der Backform auskühlen lassen und vor dem Servieren mit etwas Puderzucker bestreuen.

SAUER TEIG RESTE

Für 1 Kuchen (Kastenform, 28–30 cm) | Lievito Madre

BANANA BREAD

Das amerikanische Banana Bread ist ein saftiger Kuchen und eine gute Möglichkeit, um überreife Bananen zu verwerten.

GESAMTZEIT	ZUBEREITUNGSZEIT	BACKZEIT
70–80 Minuten	*20 Minuten*	*50–60 Minuten*

FÜR DEN TEIG

4 sehr reife Bananen (ca. 350 g, geschält)
1 EL Zitronensaft
150 g Lievito-Madre-Anstellgut
4 Eier (Größe M)
80 g Zucker
80 g brauner Rohrzucker
1 Prise Salz
125 g Rapsöl
200 g Weizenmehl Type 405
1,5 TL Backpulver
¼ TL Natron
½ TL Zimtpulver
100 g Walnusskerne

Den Backofen auf 180 °C Ober-/Unterhitze vorheizen. Eine Kastenform einfetten und entweder leicht bemehlen oder mit Backpapier auslegen.

Für den Teig die Bananen mit dem Zitronensaft und dem Lievito-Madre-Anstellgut in einem Mixer oder mit einem Pürierstab pürieren. Die Eier mit dem Zucker und dem Rohrzucker sowie dem Salz schaumig aufschlagen. Das Bananenpüree und Rapsöl unterrühren. Das Mehl mit dem Backpulver, Natron und Zimt mischen und kurz untermischen. Zuletzt die Walnüsse grob hacken und unterheben.

AUSSERDEM

Fett für die Form
Mehl für die Form (optional)
1 Banane (optional)

Den Teig in die vorbereitete Kastenform füllen. Optional eine Banane schälen, der Länge nach halbieren und auf die Oberfläche des Teiges legen.

Backen

Das Banana Bread im unteren Drittel des vorgeheizten Backofens bei 180 °C Ober-/Unterhitze etwa **50–60 Minuten** backen. Anschließend etwa **10 Minuten** in der Form ruhen lassen. Dann das Banana Bread aus der Form nehmen, auf einem Kuchengitter vollständig auskühlen lassen und servieren.

TIPP

Zusätzlich können noch 100 g backfeste zartbittere Chocolate Chunks zusammen mit den Walnüssen unter den Teig gehoben werden.

Für 12 Stück | Weizenanstellgut

SAUER TEIG RESTE

HIMBEER-MUFFINS MIT WEISSER SCHOKOLADE

Diese amerikanischen Minikuchen sind superschnell und sehr einfach zubereitet.

GESAMTZEIT *40 Minuten*

ZUBEREITUNGSZEIT *15 Minuten*

BACKZEIT *25 Minuten*

FÜR DEN TEIG

- 160 g Vollmilchjoghurt
- 120 g Weizenanstellgut
- 90 g Rapsöl
- 2 Eier (Größe M)
- 1 TL Abrieb einer unbehandelten Zitrone
- 200 g Weizenmehl Type 405
- 150 g Zucker
- 1 TL Backpulver
- ½ TL Natron
- 1 Prise Salz
- 100 g weiße Schokolade
- 200 g tiefgekühlte Himbeeren

Den Backofen auf 180 °C Ober-/Unterhitze vorheizen. Ein Muffin-Blech mit zwölf Mulden mit Papierförmchen auslegen.

Für den Teig den Vollmilchjoghurt, das Weizenanstellgut, Rapsöl, die Eier und den Zitronenabrieb in einer großen Schüssel glatt rühren.

In einer zweiten Schüssel das Weizenmehl, den Zucker sowie das Backpulver, Natron und Salz mischen. Dann die Masse kurz unter die Joghurt-Sauerteig-Mischung rühren.

Die weiße Schokolade grob hacken und zusammen mit den Himbeeren zügig unter den Teig heben. Den Teig gleichmäßig in den Muffin-Förmchen verteilen, dies gelingt gut mit einem Eis-portionierer.

Backen

Die Muffins im unteren Drittel des vorgeheizten Backofens bei 180 °C Ober-/Unterhitze etwa **25 Minuten** backen. Anschließend die Muffins etwa **10 Minuten** in der Form ruhen lassen, danach aus der Form nehmen und auf einem Kuchengitter vollständig auskühlen lassen.

AUSSERDEM

- Puderzucker zum Bestauben (optional)

Dann abkühlen lassen. Vor dem Servieren nach Belieben mit Puderzucker bestauben.

TIPP

Statt 120 g Weizenanstellgut kann auch Lievito-Madre-Anstellgut verwendet werden. Dazu vor der Teigherstellung 90 g Lievito-Madre-Anstellgut und 30 g Milch oder Wasser gründlich verrühren.

SAUER TEIG RESTE

Für 12 Stück (Backform, etwa 23 × 23 cm) | Roggenanstellgut

FUDGY BROWNIES

Brownies – ein einfacher und saftiger Schokoladenkuchen aus der US-amerikanischen Küche und mittlerweile auch bei uns ein berühmter Klassiker.

GESAMTZEIT	ZUBEREITUNGSZEIT	BACKZEIT
40–45 Minuten	20 Minuten	20–25 Minuten

FÜR DEN TEIG

250 g Zartbitterschokolade
200 g weiche Butter
150 g brauner Rohrzucker
50 g Rübensirup
1 Prise Salz
4 Eier (Größe M)
100 g Roggenanstellgut
150 g Weizenmehl Type 405
40 g Backkakao

Den Backofen auf 180 °C Ober-/Unterhitze vorheizen. Eine quadratische Backform mit Backpapier auslegen.

Die Zartbitterschokolade fein hacken. Zusammen mit der Butter, dem braunen Rohrzucker, Rübensirup und Salz in einen Topf geben und bei geringer Temperatur schmelzen lassen. Danach in eine große Schüssel umfüllen.

Nacheinander die Eier und anschließend das Roggenanstellgut mit einem Schneebesen einrühren. Zuletzt das Mehl und den Kakao kurz unterheben.

Backen

Die Brownies im unteren Drittel des Backofens bei 180 °C Ober-/Unterhitze etwa **20–25 Minuten** backen. Anschließend abkühlen lassen. Dann mithilfe des Backpapiers aus der Form heben, in zwölf Quadrate schneiden und servieren.

SAUER TEIG RESTE

Für 1 Kuchen (Springform, Ø 26 cm) | Roggenanstellgut

TORTA DI NOCCIOLE

Die Torta di Nocciole ist ein saftiger Piemonteser Nusskuchen mit Schokolade.

GESAMTZEIT	ZUBEREITUNGSZEIT	BACKZEIT
1,5 Stunden	*30 Minuten*	*50 Minuten*

FÜR DEN TEIG

250 g Haselnusskerne, geröstet
150 g Zartbitterschokolade
6 Eier (Größe M oder L)
150 g weiche Butter
140 g Zucker
10 g Bourbonvanillezucker
100 g Roggenanstellgut
1 Prise Salz

Den Backofen auf 170 °C Ober-/Unterhitze vorheizen. Eine Springform mit Backpapier auslegen.

Für den Teig die Haselnusskerne fein hacken. Die Schokolade in Stücke brechen und über dem Wasserbad schmelzen, danach beiseitestellen und etwas abkühlen lassen.

Dann die Eier trennen. Die Butter mit 70 g Zucker und dem Bourbonvanillezucker mit einem Handrührgerät hell-cremig aufschlagen. Das Eigelb nacheinander unterrühren. Die fein gehackten Haselnüsse, die geschmolzene Schokolade und das Roggenanstellgut unterheben.

Das Eiweiß und 1 Prise Salz mit dem Handrührgerät oder einer Küchenmaschine in einer sauberen und fettfreien Schüssel zu Eischnee aufschlagen, dabei den restlichen Zucker einrieseln lassen und weiterschlagen, bis sich dieser vollständig aufgelöst hat. Zuletzt den Eischnee vorsichtig unter die Nuss-Schokoladen-Masse heben.

Den Teig gleichmäßig in der vorbereiteten Springform verteilen.

AUSSERDEM

Puderzucker zum Bestreuen

Backen
Den Kuchen im unteren Drittel des vorgeheizten Backofens bei 170 °C Ober-/Unterhitze etwa **50 Minuten** backen, dabei die Ofentür während der Backzeit nicht öffnen. Anschließend die Backofentür einen Spalt öffnen und den Kuchen **10 Minuten** auskühlen lassen. Dann herausnehmen und in der Form vollständig auskühlen lassen. Vor dem Servieren die Torta di Nocciole mit etwas Puderzucker bestreuen.

TIPP
Besonders lecker schmeckt dieser Kuchen mit einer Kugel Vanilleeis serviert.

SAUER TEIG RESTE

Für 1 Kuchen (Springform, Ø 26 cm) | Lievito Madre

TORTA DI MANDORLE

Die Torta di Mandorle ist ein saftiger sizilianischer Mandelkuchen, verfeinert mit Zitrusfrucht-Aromen und Amaretto.

GESAMTZEIT	ZUBEREITUNGSZEIT	BACKZEIT
1,5 Stunden	*30 Minuten*	*50 Minuten*

FÜR DEN TEIG

6 Eier (Größe M oder L)
150 g weiche Butter
150 g Zucker
250 g gemahlene Mandelkerne
2 TL Abrieb einer unbehandelten Orange
1 TL Abrieb einer unbehandelten Zitrone
75 g Lievito-Madre-Anstellgut
25 g Amaretto
1 Prise Salz

AUSSERDEM

40 g Mandelblättchen
Puderzucker zum Bestreuen

Den Backofen auf 180 °C Ober-/Unterhitze vorheizen. Eine Springform mit Backpapier auslegen.

Für den Teig die Eier trennen. Die Butter und 75 g Zucker mit einem Handrührgerät hell-cremig aufschlagen. Das Eigelb nacheinander unterrühren. Die gemahlenen Mandelkerne, den Orangen- und Zitronenschalenabrieb zugeben. Lievito-Madre-Anstellgut und Amaretto glatt rühren und gründlich unter die Eigelbmasse mischen.

Das Eiweiß und 1 Prise Salz mit einem Handrührgerät oder einer Küchenmaschine in einer sauberen und fettfreien Schüssel zu Eischnee aufschlagen, dabei den restlichen Zucker einrieseln lassen und weiterschlagen, bis sich dieser vollständig aufgelöst hat. Zuletzt den Eischnee vorsichtig unter die Butter-Mandel-Masse heben.

Den Teig gleichmäßig in der vorbereiteten Springform verteilen und mit den Mandelblättchen bestreuen.

Backen

Den Kuchen im unteren Drittel des vorgeheizten Backofens bei 180 °C Ober-/Unterhitze etwa **50 Minuten** backen, dabei die Backofentür nicht öffnen. Dann die Backofentür einen Spalt öffnen und den Kuchen **10 Minuten** auskühlen lassen. Anschließend die Torta di Mandorle herausnehmen und in der Form vollständig auskühlen lassen. Vor dem Servieren mit etwas Puderzucker bestreuen.

TIPP

Für den besonderen Genuss 1 EL Amaretto und 3 EL Orangenmarmelade gut verrühren und in einem Topf erhitzen. Nach dem Backen mithilfe eines Backpinsels auf dem noch warmen Kuchen verteilen.

SAUER TEIG RESTE

Für 18 Stück | Roggenanstellgut

BROWNIE-COOKIES

Eine leckere Kombination aus Brownies und Cookies: softe und extra schokoladige Kekse mit weichem Kern.

GESAMTZEIT	ZUBEREITUNGSZEIT	RUHEZEIT	BACKZEIT
1 Stunde	*15 Minuten*	*30 Minuten*	*10–14 Minuten*

FÜR DEN TEIG

200 g Zartbitterschokolade (70 % Kakaoanteil)
50 g Butter
50 g brauner Rohrzucker
1 Ei (Größe M)
75 g Zucker
1 Prise Salz
120 g Roggenanstellgut
10 g Backkakao
½ TL Backpulver

Die Zartbitterschokolade fein hacken. Zusammen mit der Butter und dem braunen Rohrzucker in einen Topf geben und bei geringer Temperatur schmelzen lassen. Danach die Masse einige Minuten abkühlen lassen.

Das Ei mit dem Zucker und Salz cremig aufschlagen. Dann das Sauerteiganstellgut und die Schokoladenmasse unterheben. Zum Schluss den Backkakao mit dem Backpulver mischen und unterheben. Den Teig für etwa **30 Minuten** in den Kühlschrank geben.

Anschließend mit zwei Teelöffeln cookiegroße Portionen von dem Teig abstechen und diese mit genügend Abstand zueinander auf zwei mit Backpapier ausgelegten Blechen verteilen.

Backen

Den Backofen rechtzeitig vor dem Einschießen auf 150–160 °C Heißluft/Umluft vorheizen.

Die Cookies im vorgeheizten Backofen etwa **10–14 Minuten** backen. Danach auf dem Backblech auskühlen lassen und dann servieren.

TIPP

Statt dem Roggenanstellgut kann auch 90 g Lievito-Madre-Anstellgut mit 30 g Espresso oder Vollmilch glatt gerührt und unter den Teig gehoben werden.

Für 1 Kuchen (Springform, Ø 26 cm) | Roggenanstellgut und Weizenanstellgut

SCHOKO-KIRSCH-KÄSEKUCHEN MIT STREUSEL

Dieser Käsekuchen ist ein echter Klassiker, hier zubereitet mit zweierlei Sauerteig und einer cremigen Quarkfüllung mit Kirschen.

GESAMTZEIT	ZUBEREITUNGSZEIT	BACKZEIT
1,5 Stunden	*30 Minuten*	*1 Stunde*

FÜR DEN TEIG

300 g Weizenmehl Type 405
200 g kalte Butter, in Stücken
150 g Zucker
100 g Roggenanstellgut
40 g Backkakao
1 TL Backpulver
1 Eigelb

AUSSERDEM

Fett für die Form

Den Backofen auf 180 °C Ober-/Unterhitze vorheizen. Den Boden einer Springform mit Backpapier auslegen und den Rand leicht einfetten.

Die Zutaten für den Teig zügig zu einem Mürbeteig verarbeiten. Knapp ein Drittel des Teiges für mindestens **30 Minuten** im Kühlschrank kalt stellen.

Den restlichen Teig in der Springform verteilen und dabei einen Rand von etwa 4 cm hochziehen. Der Teig kann dazu auf der leicht bemehlten Arbeitsfläche ausgerollt oder mit den Händen in der Form verteilt und festgedrückt werden. Den Boden mehrmals mit der Gabel einstechen und den Teig bis zur Weiterverarbeitung kalt stellen.

FÜR DIE FÜLLUNG

1 Ei (Größe M)
1 Eiweiß
90 g Zucker
10 g Bourbonvanillezucker
1 Prise Salz
½ unbehandelte Zitrone
250 g Magerquark
250 g Crème fraîche
100 g Weizenanstellgut
1 Glas Schattenmorellen (680 g), abgetropft

Das Ei und Eiweiß mit dem Zucker, Bourbonvanillezucker und Salz verrühren. Die Zitrone waschen und trockenreiben. Die Schale abreiben, den Saft auspressen und beides zu der Eimasse geben. Zuletzt mit dem Magerquark, der Crème fraîche und dem Weizenanstellgut gründlich verrühren.

Etwa zwei Drittel der Quarkmasse auf den Teigboden geben. Die abgetropften Kirschen darauf verteilen und die restliche Quarkmasse darübergeben. Den restlichen Teig aus dem Kühlschrank als Streusel darüber verteilen.

Backen

Den Käsekuchen im unteren Drittel des vorgeheizten Backofens bei 180 °C Ober-/Unterhitze etwa **1 Stunde** backen. Anschließend vollständig abkühlen lassen und entweder sofort servieren oder im Kühlschrank aufbewahren.

SÜSSES FÜR FRÜHSTÜCK & DESSERT

SAUER TEIG RESTE

Für 1 Blech | Roggenanstellgut

GRANOLA

Crunch-Müsli selbst gemacht: ein knuspriges Granola auf der Basis von fermentierten Haferflocken.

GESAMTZEIT	ZUBEREITUNGSZEIT	REIFEZEIT	BACKZEIT
21–25 Stunden	20 Minuten	20–24 Stunden	40–50 Minuten

FÜR DIE FERMENTIERTEN HAFERFLOCKEN

- 100 g lauwarmer Kaffee (30 °C) oder Hafer-/Mandeldrink
- 50 g Roggenanstellgut
- 250 g kernige Haferflocken

Den Kaffee und das Roggenanstellgut verrühren. Danach mit den Haferflocken mischen, die Masse sollte dann relativ trocken sein. Die Haferflocken abgedeckt bei Raumtemperatur **20–24 Stunden** fermentieren lassen, dabei nach 10–12 Stunden einmal kurz durchmischen. Sie sollten nach Ende der Reifezeit feucht sein und einen aromatischen Geruch haben.

Den Backofen auf 150 °C Heißluft/Umluft vorheizen. Die Haselnusskerne, Kokosraspel und den Kakao unter die fermentierten Haferflocken mischen.

FÜR DAS GRANOLA

- 100 g gehobelte Haselnusskerne
- 30 g Kokosraspel
- 2 EL Backkakao
- fermentierte Haferflocken
- 60 g Kokosöl
- 100 g Ahornsirup
- 10 g Bourbonvanillezucker
- 1 Prise Salz
- 100 g Zartbitterschokolade oder Schokotropfen
- 100 g Bananenchips

Das Kokosöl, den Ahornsirup, Bourbonvanillezucker und das Salz in einem Topf bei mittlerer Temperatur erwärmen, bis das Kokosöl geschmolzen ist. Danach unter die Haferflockenmasse mischen. Das Granola auf einem mit Backpapier ausgelegten Backblech verteilen.

Backen

Das Granola im unteren Drittel des vorgeheizten Backofens bei 150 °C Heißluft/Umluft etwa **40–50 Minuten** mit Sichtkontakt rösten. Dabei ab und zu durchmischen und besonders auf den Randbereich achten, da dieser am schnellsten verbrennt. Das Granola ist fertig, wenn es richtig trocken ist. Nach Bedarf die Backzeit verlängern oder im leicht geöffneten und ausgeschalteten Backofen abkühlen lassen. Nach dem Rösten vollständig auskühlen lassen.

Anschließend die Zartbitterschokolade und die Bananenchips grob hacken, beides untermischen und das Granola servieren oder luftdicht verschlossen aufbewahren.

TIPP

Das Granola kann auch mit Mandelstiften, weißer Schokolade und gefriergetrockneten Erdbeeren oder Himbeeren (etwa 20 g) variiert werden.

OVERNIGHT BAKED OATMEAL

Eine Kombination aus Overnight Oats und Baked Oats, auch als Oatmeal bekannt. Hier werden die Haferflocken über Nacht bei Raumtemperatur eingeweicht, dabei fermentiert und anschließend gebacken.

GESAMTZEIT	ZUBEREITUNGSZEIT	REIFEZEIT	BACKZEIT
8,5–12,5 Stunden	*10 Minuten*	*8–12 Stunden*	*20–25 Minuten*

FÜR DAS OATMEAL

Kokosöl für die Form
1 große Banane
1 Spritzer Zitronensaft
2–3 EL Ahornsirup oder flüssiger Blütenhonig
5 g Weizenanstellgut
240 g Hafer- oder Mandeldrink
1 TL Zimtpulver
100 g zarte Haferflocken
30 g gehackte Walnusskerne

Eine Auflaufform (20 × 15 cm) oder zwei bis drei kleine Ofenförmchen mit etwas Kokosöl einfetten.

Für das Oatmeal die Banane schälen, mit dem Zitronensaft zerdrücken oder pürieren. Anschließend gründlich mit dem Ahornsirup und Weizenanstellgut mischen. Den Haferdrink und Zimt sowie die Haferflocken und Walnusskerne zugeben und gut vermischen. Die Masse in die Form(en) geben und abgedeckt bei Raumtemperatur etwa **8–12 Stunden** über Nacht quellen lassen.

Am nächsten Morgen den Backofen auf 180 °C Ober-/Unterhitze vorheizen. Die Blaubeeren gleichmäßig über der Haferflockenmasse verteilen.

Backen

Das Oatmeal im unteren Drittel des vorgeheizten Backofens bei 180 °C Ober-/Unterhitze backen, in der Auflaufform beträgt die Backzeit etwa **20–25 Minuten**, in den kleinen Ofenförmchen etwa **15 Minuten**.

AUSSERDEM

50 g tiefgekühlte Blaubeeren
4 EL Vollmilchjoghurt
2 EL Ahornsirup oder flüssiger Blütenhonig

Anschließend das Oatmeal mit dem Vollmilchjoghurt und Ahornsirup toppen und servieren.

SAUER TEIG RESTE

Für etwa 20 Stück (Auflaufform, etwa 20 × 30 cm) | Roggenanstellgut

MÜSLIRIEGEL

Diese selbst gemachten Müsliriegel sind der ideale Snack für zwischendurch und für unterwegs. Und obendrein auch noch schnell und einfach zubereitet!

GESAMTZEIT	ZUBEREITUNGSZEIT	BACKZEIT
40 Minuten	*15–20 Minuten*	*20–25 Minuten*

FÜR DIE MÜSLIRIEGEL

100 g flüssiger Blütenhonig
20 g brauner Rohrzucker
60 g Kokosöl
1 Prise Salz
200 g Müsli (z. B. Schokomüsli)
40 g gepuffte Quinoa
40 g zarte Haferflocken
50 g gehackte Mandelkerne, geröstet
50 g gehackte Haselnusskerne, geröstet
30 g Kokosraspel
100 g Roggenanstellgut
100 g getrocknete Kirschen
100 g backfeste Schokotropfen

Den Backofen auf 180 °C Ober-/Unterhitze vorheizen. Eine Auflaufform mit Backpapier auslegen und an den Seiten einen Backpapierrand überstehen lassen.

Den Blütenhonig, den Rohrzucker, das Kokosöl und Salz in einem Topf bei mittlerer Temperatur 3–5 Minuten erwärmen, bis sich der Zucker aufgelöst hat.

Das Müsli, die Quinoa, Haferflocken, Mandelkerne, Haselnusskerne und Kokosraspel in einer großen Schüssel vermischen. Die warme Honig-Kokosöl-Masse darübergeben und alles zügig mischen. Anschließend das Roggenanstellgut zugeben und gründlich untermischen. Zuletzt die Kirschen grob hacken und mit den Schokotropfen unterheben.

Die Mischung in die vorbereitete Backform geben. Ein Stück Backpapier darauflegen und mit den Händen gleichmäßig festdrücken. Anschließend noch mal mit dem Boden eines Glases sehr festdrücken. (Je fester die Masse zusammengepresst wird, desto besser haften die Müsliriegel später zusammen.)

Backen

Die Masse im unteren Drittel des vorgeheizten Backofens bei 180 °C Ober-/Unterhitze in etwa **20–25 Minuten** goldbraun backen. Danach vollständig abkühlen lassen und mithilfe des überstehenden Backpapiers aus der Form heben.

Die Masse mit einem scharfen Messer in Riegel schneiden.
Die Müsliriegel entweder sofort servieren oder luftdicht verpackt aufbewahren.

SAUER TEIG RESTE

Für 4 Personen | Weizenanstellgut

AMERIKANISCHE PANCAKES

American Pancakes sind kleine Pfannkuchen mit dickem und fluffigem Teig. Sie werden in den USA gerne zum Frühstück serviert und passen nicht nur zu süßen Beilagen wie frischen Früchten, sondern auch zu Ahornsirup, gebratenem Bacon und Spiegelei oder Rührei.

GESAMTZEIT
30 Minuten

ZUBEREITUNGSZEIT
30 Minuten

FÜR DEN TEIG

200 g Weizenanstellgut
150 g Vollmilch
2 Eier (Größe M)
30 g Butter, geschmolzen
100 g Weizenmehl Type 405
1 ½ TL Backpulver
¼ TL Salz
1 EL Zucker

Für den Teig das Weizenanstellgut, die Milch, Eier und geschmolzene Butter in einer Schüssel glatt rühren.

Das Weizenmehl und Backpulver in eine zweite Schüssel sieben. Das Salz und den Zucker hinzufügen und mit der Sauerteigmischung zu einem dickflüssigen Teig mischen.

AUSSERDEM

Rapsöl zum Ausbacken
200 g Bacon (in Scheiben)
20 g Butter
8 EL Ahornsirup

Etwas Rapsöl in einer Pfanne erhitzen. Aus je 2–3 EL Teig darin nacheinander kleine Pfannkuchen mit etwa 10 cm Durchmesser ausbacken, dabei die Pancakes wenden, sobald der Teig an der Oberseite Blasen wirft. Die fertigen Pancakes bis zum Servieren warm halten.

Den Bacon in einer Pfanne ohne Fett anbraten.

Zum Servieren die Pancakes stapeln und ein Stück Butter obenauf geben. Zuletzt mit Ahornsirup beträufeln und die Pancakes zusammen mit dem gebratenen Bacon anrichten.

TIPP

Für Pancakes ist die Zugabe einer relativ großen Menge Backpulver und Natron üblich. Um die Backpulvermenge auf etwa ½ TL zu reduzieren, können die Eier getrennt, das Eiweiß separat aufgeschlagen und zum Schluss unter den Teig gehoben werden.

OMAS APFEL-PFANNKUCHEN

Diese süßen Pfannkuchen mit fluffigem Teig und frischen Äpfeln werden mit Zimtzucker serviert und sind ein echter Klassiker, beliebt bei Groß und Klein.

GESAMTZEIT	ZUBEREITUNGSZEIT	REIFEZEIT
3,5–5,5 Stunden	*30 Minuten*	*3–5 Stunden (Sauerteig)*

FÜR DEN WEIZEN-MILCH-SAUERTEIG

80 g Weizenanstellgut
160 g warme Vollmilch (40 °C)
160 g Weizenmehl Type 405

Das Sauerteiganstellgut in der Vollmilch auflösen und danach gründlich mit dem Weizenmehl mischen. Abgedeckt bei 26–30 °C **3–5 Stunden** bis zur guten Verdopplung reifen lassen.

FÜR DEN HAUPTTEIG

2 Eier
reifer Weizen-Milch-Sauerteig
50 g Vollmilch
10 g Bourbonvanillezucker
1 Prise Salz
50 g Zucker
2 große Äpfel (z. B. Sorte Boskop)

Für den Hauptteig die Eier trennen. Das Eigelb mit dem Weizen-Milch-Sauerteig, der Vollmilch und dem Bourbonvanillezucker gründlich verrühren.

Das Eiweiß und Salz mit einem Handrührgerät oder einer Küchenmaschine in einer sauberen und fettfreien Schüssel zu Eischnee aufschlagen. Dabei den Zucker einrieseln lassen und weiterschlagen, bis sich dieser vollständig aufgelöst hat. Den Eischnee vorsichtig unter die Sauerteigmischung heben.

Die Äpfel schälen, vierteln und in feine Scheiben schneiden oder hobeln. Danach kurz unter den Pfannkuchenteig heben.

AUSSERDEM

2–3 EL Butter zum Ausbacken
4 EL Zimtzucker

Etwas Butter in einer beschichteten Pfanne erhitzen. Den Teig darin in vier Portionen von beiden Seiten goldbraun zu Pfannkuchen ausbacken. Die fertigen Pfannkuchen mit Zimtzucker bestreuen und sofort servieren.

TIPP

Statt des aufgefrischten Weizen-Milch-Sauerteigs kann auch ein mildes Weizenanstellgut verwendet werden, an den Hauptteig dann für einen vollmundigeren Geschmack 50 g flüssge Sahne statt 50 g Milch geben.

Für 2 Personen | Lievito Madre

DUTCH BABY

Unter Dutch Baby – auch als Oven-puffed Pancake bezeichnet – versteht man einen amerikanischen Pfannkuchen, der in einer heißen Pfanne im Backofen gebacken wird. Dieser Ofenpfannkuchen wird gerne zum Frühstück serviert.

GESAMTZEIT	ZUBEREITUNGSZEIT	BACKZEIT
30 Minuten	*30 Minuten*	*15–18 Minuten*

FÜR DEN TEIG

150 g Lievito-Madre-Anstellgut
125 g Vollmilch
3 Eier (Größe M)
30 g Zucker
10 g Bourbonvanillezucker
1 Prise Salz
20 g Butter

AUSSERDEM

40 g Beerenmischung (frisch oder tiefgekühlt)
Puderzucker zum Bestreuen

Eine ofenfeste Pfanne (24–26 cm Durchmesser, die Pfanne sollte einen etwas höheren Rand haben und möglichst aus Gusseisen bestehen) in den Backofen stellen und den Backofen auf 220 °C Ober-/Unterhitze vorheizen.

Inzwischen die Beeren, falls frische verwendet werden, waschen, verlesen und trockentupfen.

Für den Teig das Lievito-Madre-Anstellgut und die Vollmilch in einer Schüssel glatt rühren. Die Eier mit dem Zucker, Bourbonvanillezucker und Salz in einer zweiten Schüssel schaumig aufschlagen. Die Milch-Lievito-Madre-Mischung und die aufgeschlagenen Eier verrühren.

Die Butter in die vorgeheizte Pfanne geben und leicht schwenken, damit sich die schmelzende Butter gleichmäßig in der Pfanne verteilt. Dann den Teig sofort in die Pfanne gießen.

Backen

Den Pfannkuchen in der Pfanne im unteren Drittel des vorgeheizten Backofens bei 220 °C Ober-/Unterhitze etwa **15–18 Minuten** backen, bis der Teig gut aufgegangen ist und die Ränder goldbraun sind. Anschließend die Pfanne aus dem Backofen nehmen (der Teig wird etwas zusammenfallen). Den Pfannkuchen sofort mit den Beeren und Puderzucker bestreut servieren.

TIPP

Statt 150 g Lievito-Madre-Anstellgut kann auch Weizenanstellgut verwendet werden. Dazu 200 g Weizenanstellgut und nur 75 g Milch (statt 125 g) an den Teig geben.

SAUER TEIG RESTE

Für 4 Personen | Weizenanstellgut

KARAMELLISIERTER KAISERSCHMARREN

Kaiserschmarren – ein echter Klassiker aus der Alpenküche und eine der bekanntesten österreichischen Süßspeisen.

GESAMTZEIT	ZUBEREITUNGSZEIT	RUHEZEIT
1,5 Stunden	*30 Minuten*	*1 Stunde*

FÜR DAS QUELLSTÜCK (OPTIONAL)

40 g Rosinen
2 EL Rum oder Apfelsaft

FÜR DEN TEIG

4 Eier (Größe M)
60 g Zucker
10 g Bourbonvanillezucker
250 g Weizenanstellgut
250 g Vollmilch
1 Prise Salz

AUSSERDEM

40 g Butter zum Ausbacken
4 TL Zucker
Puderzucker zum Bestauben

Für das Quellstück die Rosinen und den Rum mischen. Die Rosinen abgedeckt mindestens **1 Stunde** quellen lassen. (Sie können auch schon am Vortag eingeweicht werden.)

Für den Teig die Eier trennen. Das Eigelb mit dem Zucker und Bourbonvanillezucker in einer Schüssel hell-cremig aufschlagen. Das Weizenanstellgut und die Vollmilch kurz unterrühren.

Das Eiweiß mit dem Salz mit einem Handrührgerät oder einer Küchenmaschine in einer sauberen und fettfreien Schüssel zu einem steifen Eischnee schlagen. Den Eischnee vorsichtig unter den Teig heben. Danach die Rosinen abtropfen lassen und unterheben.

Eine große Pfanne erhitzen und 20 g Butter darin schmelzen. Die Hälfte des Teigs darin zu einem Kaiserschmarren ausbacken: dazu den Teig etwa 1 cm hoch in die Pfanne gießen. Die Temperatur reduzieren und den Teig auf einer Seite in etwa 5 Minuten goldbraun ausbacken. Die Masse vierteln, wenden und auf der anderen Seite ebenfalls goldbraun ausbacken. Dann den Kaiserschmarren in mundgerechte Stücke teilen, mit 2 TL Zucker bestreuen und kurz karamellisieren lassen. Den fertigen Kaiserschmarren auf vorgewärmten Tellern im Backofen bei 80 °C Ober-/Unterhitze warm halten. Die zweite Hälfte des Teiges nach der gleichen Weise zubereiten.

Anschließend den Kaiserschmarren mit Puderzucker bestauben und servieren. Als Beilage passt Zwetschgenröster, Kompott oder Apfelmus.

TIPP

Statt Weizenanstellgut kann auch Lievito-Madre-Anstellgut verwendet werden. Dazu 190 g Lievito-Madre-Anstellgut und 310 g Vollmilch (statt 250 g im Teig) gründlich vermischen und unter das aufgeschlagene Eigelb mischen.

SAUER TEIG RESTE

Für 4 Personen | Weizenanstellgut

GEBACKENE BANANEN MIT HONIG

Hier werden Bananenstücke in Teig ausgebacken und mit Honig serviert, ähnlich wie man es auch aus asiatischen Restaurants kennt.

GESAMTZEIT
20 Minuten

ZUBEREITUNGSZEIT
20 Minuten

FÜR DEN TEIG

200 g Weizenanstellgut
4 TL Puderzucker
4 TL Reismehl
½ TL Backpulver (optional)
1 Prise Salz

Für den Teig das Weizenanstellgut mit dem Puderzucker, Reismehl, optional Backpulver und dem Salz kurz zu einer dickflüssigen Masse verrühren.

AUSSERDEM

hocherhitzbares neutrales Pflanzenöl oder Kokosöl zum Frittieren/Ausbacken
4 große Bananen
4 EL flüssiger Blütenhonig

Öl in einer Fritteuse oder in einem kleinen Topf auf etwa 160–170 °C erhitzen.

Die Bananen schälen und in Scheiben von etwa 4 cm Dicke schneiden. Diese portionsweise – nicht zu viele auf einmal – frittieren/ausbacken: dazu die Bananenstücke einzeln durch den Teig ziehen, sofort in das heiße Öl geben und in etwa 2 Minuten goldbraun frittieren/ausbacken, dabei zwischendurch wenden. Anschließend die Bananenstücke auf Küchenpapier kurz abtropfen lassen.

Danach die Bananen mit dem Honig beträufeln und sofort servieren.

Für 8 Stück | Weizenanstellgut

LÜTTICHER WAFFELN

Ein Rezept für fluffige, dicke und zugleich knusprige Waffeln aus Hefeteig. Charakteristisch ist die Zugabe von Perlzucker, der beim Backen karamellisiert.

GESAMTZEIT	ZUBEREITUNGSZEIT	REIFEZEIT
3,5–6 Stunden	*30 Minuten*	*2–4 Stunden (Sauerteig) + 1–1,5 Stunden (Teig)*

FÜR DEN WEIZEN-MILCH-SAUERTEIG

50 g Weizenanstellgut
50 g warme Vollmilch (40 °C)
50 g Weizenmehl Type 550

Das Sauerteiganstellgut in der Vollmilch auflösen und danach gründlich mit dem Weizenmehl mischen. Abgedeckt **2–4 Stunden** bei 28–30 °C bis zur guten Verdopplung reifen lassen.

FÜR DEN HAUPTTEIG

reifer Weizen-Milch-Sauerteig
3 g Frischhefe
2 Eier (Größe M)
30 g Zucker
10 g Bourbonvanillezucker
175 g Weizenmehl Type 550
125 g weiche Butter
¼ TL Salz
80 g belgischer Perlzucker (alternativ Hagelzucker)

Für den Hauptteig alle Zutaten, außer Butter, Salz und Perlzucker, am besten mit den Knethaken eines Handrührgeräts oder mit dem Flachschläger einer Küchenmaschine in etwa 5 Minuten zu einem glatten und weichen Teig vermengen. Danach die weiche Butter und das Salz unterrühren. Zum Schluss den Perlzucker kurz unterheben.

Den Teig abgedeckt bei Raumtemperatur etwa **1–1,5 Stunden** reifen lassen, bis er sichtbar aufgegangen ist.

AUSSERDEM

Butterschmalz zum Ausbacken

Ein belgisches Waffeleisen aufheizen und darin nacheinander acht kleine Waffeln ausbacken: dazu das Eisen jeweils dünn mit Butterschmalz einfetten. Mit einem Eisportionierer jeweils eine Portion Teig in die Mitte der Waffeleisenfläche geben. Den Deckel schließen und die Waffel goldbraun ausbacken, dies dauert etwa 3–5 Minuten, dabei karamellisiert der Perlzucker.

Die fertigen Waffeln sofort noch warm servieren. Als Beilage passen beispielsweise frische Früchte, Kompott, Sahne oder Vanilleeis.

TIPP

Statt dem Weizen-Milch-Sauerteig kann auch Lievito Madre für den Teig verwendet werden. Dazu 120 g aufgefrischten Lievito Madre und 30 g Vollmilch an den Teig geben.

REGISTER

Für die freundliche Unterstützung
unseres Fotoshootings geht
ein herzliches Dankeschön an:

Bio-Mühle Eiling
Möhnestr. 98
59581 Warstein-Sichtigvor
www.biomuehle-eiling.de

ÜBER DIE AUTORIN

Sonja Bauer ist Autorin, Foodbloggerin und Backkursleiterin. Sie lebt mit ihren Zwillingen und ihrem Mann in Berlin und ist seit vielen Jahren in der Ernährungsberatung tätig. Als Ernährungsexpertin weiß sie genau, worauf es bei der Rezeptentwicklung ankommt. 2016 gründete sie ihren erfolgreichen Foodblog »Cookie und Co« und entdeckte dabei ihre Leidenschaft für die Foodfotografie, das Brotbacken und für Sauerteig.
Ihre Liebe zum Backen und Kochen teilt sie online auf www.cookieundco.de.

ÜBER DIE FOTOGRAFIN

Nach ihrer Ausbildung zur Fotografin in einem renommierten Stuttgarter Werbestudio nahm **Julia Hildebrand** das Fotodesign-Studium an der Hochschule München auf. Seit 2010 arbeitet sie für Redaktionen, Verlage und Werbekunden als freischaffende Fotografin in den Bereichen Food und Still Life. Gemeinsam mit ihrem Kollegen Ingolf Hatz gewann sie im Jahre 2016 den Gourmand World Cookbook Award für »81,6 kg – Food Art Book« und 2020 den Gourmand World Cookbook Award und die GAD-Silbermedaille für »Loretta kocht echt italienisch«.
www.augustundjuli.de

IMPRESSUM

Produktmanagement: Stefanie Gückstock
Redaktion: Constanze Lüdicke
Korrektorat: Franziska Sorgenfrei
Layout: Elke Mader
Umschlaggestaltung: Helen Garner
Repro: LUDWIG:media
Herstellung: Julia Hegele

Printed in China

Text und Rezepte: Sonja Bauer
Fotografie: siehe Bildnachweis

★★★★★

Sind Sie mit diesem Titel zufrieden? Dann würden wir uns über Ihre Weiterempfehlung freuen. Erzählen Sie es im Freundeskreis, berichten Sie Ihrem Buchhändler, oder bewerten Sie bei Onlinekauf. Und wenn Sie Kritik, Korrekturen, Aktualisierungen haben, freuen wir uns über Ihre Nachricht an Christian Verlag, Postfach 40 02 09, D-80702 München oder per E-Mail an lektorat@verlagshaus.de

Unser komplettes Programm finden Sie unter

www.christian-verlag.de

Alle Angaben dieses Werkes wurden von der Autorin sorgfältig recherchiert und auf den neuesten Stand gebracht sowie vom Verlag geprüft. Für die Richtigkeit der Angaben kann jedoch keine Haftung übernommen werden, weshalb die Nutzung auf eigene Gefahr erfolgt. Sollte dieses Werk Links auf Webseiten Dritter enthalten, so machen wir uns die Inhalte nicht zu eigen und übernehmen für die Inhalte keine Haftung.

Quellenangaben und weiterführende Informationen

Brotbackbuch Nr. 4: Lutz Geißler,
Eugen Ulmer Verlag (2019), ISBN: 3818606455
Die Sauerteig-Schule: Vanessa Kimbell,
Edition Fackelträger (2018), ISBN: 3963420014
For the Love of Bread – Zeit für gutes Brot:
Sonja Bauer, Cookie »Herzgemacht« (2021),
ISBN: 978-3-9823514-07
Der Sauerteig – das unbekannte Wesen:
www.der-sauerteig.com
Bäckerlatein: www.baeckerlatein.de
Brotexperte.de: www.brotexperte.de
Biologie Seite: www.biologie-seite.de

Bildnachweis

Julia Hildebrand: Seiten 11 (unten), 35, 37, 39, 41, 43, 45, 47, 49, 51, 53, 55, 72, 77, 79, 81, 83, 85, 129, 153, 155, 157, 159, 163, 167, 171, 173, 175, 177, 179, 181, 183, 185, 187.
Sonja Bauer: Seiten 4, 5, 14, 18, 23, 28, 60, 61, 66, 67, 73, 90, 91, 96, 97, 102, 103, 108, 109, 114, 115, 121, 123, 125, 126, 134, 135, 139, 141, 143, 145, 148, 149, 165.
Seite 2, 190 oben: Kerstin Hojka.
Seite 191 unten: Ingolf Hatz.
Seite 189: Biomühle-Eiling.

Die Deutsche Nationalbibliothek verzeichnet diese Publikation in der Deutschen Nationalbibliografie; detaillierte bibliografische Daten sind im Internet über http://dnb.d-nb.de abrufbar.

5. Auflage

Infanteriestraße 11a, 80797 München

ISBN 978-3-95961-676-8